ELEMENTOS ESSENCIAIS DA LIDERANÇA

Greg Ogden & Daniel Meyer

ELEMENTOS ESSENCIAIS DA LIDERANÇA

Visão, influência e caráter

Tradução
MARIA EMÍLIA DE OLIVEIRA

Editora Vida
Rua Isidro Tinoco, 70 Tatuapé
CEP 03316-010 São Paulo, SP
Tel.: 0 xx 11 2618 7000
Fax: 0 xx 11 2618 7030
www.editoravida.com.br

Originalmente publicado por
InterVarsity Press como
Leadership Essentials: Shaping Vision, Multiplying Influence, Defining Character
por Greg Ogden e Daniel Meyer.
©2007 por Greg Ogden e Daniel Meyer.
Traduzido com permissão de
InterVarsity Press, P.O. Box 1400,
Downers Grove, IL 60515, USA.

■

Todos os direitos desta tradução em língua portuguesa reservados por Editora Vida.

Proibida a reprodução por quaisquer meios, salvo em breves citações, com indicação da fonte.

■

Scripture quotations taken from Bíblia Sagrada, Nova Versão Internacional, NVI®
Copyright © 1993, 2000 by International Bible Society®.
Used by permission IBS-STL U.S. All rights reserved worldwide.
Edição publicada por Editora Vida, salvo indicação em contrário.

Todas as citações bíblicas e de terceiros foram adaptadas segundo o Acordo Ortográfico da Língua Portuguesa, assinado em 1990, em vigor desde janeiro de 2009.

Editor responsável: Gisele Romão da Cruz Santiago
Revisão de tradução: Andrea Filatro
Revisão de provas: Josemar de Souza Pinto
Diagramação: Set-up Time
Capa: Arte Peniel (adaptação)

1ª edição: fev. 2009
1ª reimp.: out. 2011

Dados Internacionais de Catalogação na Publicação (CIP)
(Câmara Brasileira do Livro, SP, Brasil)

Ogden, Greg
  Elementos essenciais da liderança: visão, influência e caráter / Greg Ogden e Daniel Meyer; tradução Maria Emília de Oliveira. — São Paulo: Editora Vida, 2009.

  Título original: *Leadership essentials.*
  Bibliografia.
  ISBN 978-85-383-0088-5

  1. Autorrealização 2. Caráter 3. Liderança - Aspectos religiosos 4. Liderança cristã 5. Sucesso - Aspectos religiosos - Cristianismo I. Meyer, Daniel. II. Título.

08-11549   CDD-262.1

Índice para catálogo sistemático:
1. Liderança : Aspectos religiosos : Cristianismo   262.1

SUMÁRIO

Introdução: *A arte de multiplicar a influência*   7

PARTE UM: O CARÁTER DE UM LÍDER   19

1. Santidade
   Procurando ter um caráter semelhante ao de Cristo   21

2. Hábitos
   Cultivando disciplinas espirituais para sustentar nossa liderança   35

3. Humildade
   Mantendo vigilância constante de nossa alma   51

PARTE DOIS: A POSTURA DE UM LÍDER   67

4. De joelhos
   Aceitando o amor de servo como nosso modelo principal   69

5. Trabalho em equipe
   Formando equipes para realizar nossa missão em conjunto   83

6. Mordomia
   Administrando nossos dons, paixões e personalidade   99

PARTE TRÊS: A VISÃO DE UM LÍDER   115

7. O Cristo arrebatador
   Amando apaixonadamente o Cristo arrebatador   117

8. Aceitando o Reino
   Envolvendo pessoas na missão — 130

9. Ajudando os outros a ver
   Tirando pessoas da letargia e inércia — 145

PARTE QUATRO: A FORMAÇÃO DE UM LÍDER — 161

10. Lutando contra a tentação
    Enfrentando os perigos do dinheiro, sexo e poder — 163

11. Vencendo a crítica
    Lidando com a crítica com humildade e firmeza — 177

12. Derrotando o desencorajamento
    Analisando a decepção, frustração, raiva e depressão — 194

Introdução

A ARTE DE MULTIPLICAR A INFLUÊNCIA

A CULTURA CLAMA POR LIDERANÇA

Os jornais e os outros meios de comunicação abordam continuamente a necessidade de liderança. O assunto está no centro de todas as candidaturas políticas e de todas as sessões do parlamento. É um fator importante na avaliação de quem está no exercício do poder. O povo quer saber: Esta pessoa defende ideias respeitáveis? Seu caráter é confiável? Ela sabe usar corretamente os recursos de que dispõe para cumprir seu dever?

Essas perguntas não se destinam apenas aos que ocupam cargos públicos. Basta olhar ao redor para ver que o mundo moderno clama por liderança.

As famílias necessitam de líderes. Nossa sociedade está cada vez mais consciente de que precisamos de pais que desenvolvam o caráter e os dons de seus filhos, estabeleçam padrões de vida saudáveis e orientem a família, para que todos colaborem em um círculo mais amplo que o familiar. Pense no sofrimento e na fragmentação da vida familiar, tão citados hoje em dia. Tudo isso poderia ser reparado se os pais fossem treinados para exercer uma liderança mais profunda no lar.

As empresas particulares e os órgãos públicos necessitam de líderes. Todas as manchetes que anunciam em alta voz os últimos escândalos corporativos ou os fracassos empresariais lembram-nos de que necessitamos de uma nova geração de líderes no âmbito público — pessoas que saibam discernir as prioridades de caráter nobre, que usem princípios sábios e que tenham conhecimento e capacidade para dirigir os órgãos públicos a fim de cumprirem cabalmente sua missão. Imagine o poder criativo que se desencadearia se as empresas privadas e os órgãos públicos contassem com a colaboração de líderes da mais alta qualificação.

As igrejas e os ministérios necessitam de líderes. Os ministérios eclesiásticos e paradenominacionais, bem como as instituições educacionais cristãs, têm ajudado a treinar os líderes de que as famílias e o setor público tanto necessitam. Quase todos os ministérios cristãos de nossos dias, contudo, carecem desesperadamente de pessoas capacitadas para formar discípulos experientes e líderes dinâmicos. O que aconteceria se a igreja e os ministérios cristãos contribuíssem com uma nova safra de líderes qualificados?

A necessidade de preencher o déficit de líderes é o objetivo principal deste livro.

CINCO RAZÕES PESSOAIS PARA O DÉFICIT DE LIDERANÇA

Qual o motivo desse déficit? Depois de muito compartilhar, encontramos os seguintes fatores que impedem as pessoas de assumir a liderança:

- *Falta de preparo:* "Não fui preparado". As pessoas sentem-se mal preparadas para atuar como líderes, e em alguns casos estão absolutamente corretas. Faltou alguém para prepará-las.

- *Informações insuficientes:* "Faltam-me informações claras sobre o que significa ser líder". As pessoas não sabem ao certo o que devem fazer caso venham a ocupar um cargo de liderança.

- *Questão de aparência:* "Não tenho cara de líder". As pessoas têm um conceito muito alto a respeito de liderança ou se sentem tão inferiorizadas que não se veem como líderes nem imaginam o que têm para oferecer.

- *Problema de treinamento:* "Se ao menos houvesse alguém para orientar-me". As pessoas não recebem instruções apropriadas de um líder que lhes mostre um modelo mais preciso de liderança e lhes dê uma orientação minuciosa para que elas possam penetrar no mundo da liderança.

- *Falta de motivação:* "Não vejo nenhum motivo convincente para ser líder". Algumas pessoas se disporiam a ser líderes se sentissem uma necessidade urgente que as levasse a entrar em ação.

Quatro razões relacionadas ao ministério para o déficit de liderança

Talvez não surja um número maior de líderes nestes tempos devido ao modo de os cristãos agirem em relação às igrejas ou ministérios.

- *Falta de formadores de discípulos:* "Eu não deveria ser discípulo antes de ser líder?". O desejo de ser líder origina-se da prática de ser discípulo. Enquanto nossos ministérios não se esforçarem um pouco mais para criar situações e meios com o objetivo de formar discípulos de Jesus, será muito difícil formar líderes. O discipulado cristão precede a liderança cristã.

  O currículo deste livro baseia-se na hipótese de que tanto o conteúdo quanto o contexto são pré-requisitos para a formação de discípulos. Para ser líder, é preciso, antes de tudo, ser discípulo. Há um número cada vez maior de grupos formadores de discípulos que atuam como um "sistema de treinamento", do qual se originam os futuros líderes.

- *Dilema das evasivas:* "Nenhum pastor me ajudou a ser líder". Durante anos, os membros dos conselhos das igrejas — particularmente os pastores — têm sido treinados para atuar sozinhos no ministério. Eles trabalham, concentram a atenção no ministério e recebem recompensas de forma isolada. Mas desviaram-se do principal chamado bíblico de formar discípulos e líderes por pensarem desta forma: Se eu dedicar grande parte de minha vida para formar alguns líderes, como encontrarei tempo para continuar a fazer o que todas as outras pessoas esperam de mim? Mesmo em situações nas quais os membros do conselho reconhecem a necessidade de formar líderes, eles quase sempre confessam sentir falta de conhecimento, ferramentas ou disciplina para levar adiante suas boas intenções.

- *A armadilha do profissionalismo:* "A liderança deve ficar a cargo do pessoal do ministério". Muitos ministérios têm dificuldade em formar líderes em razão da profissionalização do ministério cristão. A obsessão de nossa cultura por especialistas e pessoas altamente credenciadas infiltrou-se nas igrejas e criou um abismo perceptível entre profissionais e leigos. Esse abismo é cada vez mais visível nos grandes ministérios. Dessa forma, os líderes leigos acham, na maioria das vezes, que devem deixar a liderança a cargo dos profissionais.

- *O enigma da natureza intrínseca da liderança:* "Não sei exatamente o que significa ser líder". Há grande confusão a respeito do que constitui a natureza intrínseca da liderança. Seria, como algumas autoridades seculares sugerem, a arte de impor as próprias ideias? Seria dizer aos outros o que eles devem fazer? Seria simplesmente a disciplina de presidir reuniões ou traçar planos estratégicos? Em termos genéricos, seria a arte de aumentar o número de participantes, de construções e de contribuições, tudo isso associado à vida da organização? Definir a natureza intrínseca da liderança continua a ser uma espécie de enigma.

Avalie suas necessidades de liderança

Faça uma pausa por alguns instantes para avaliar por que existe um déficit de liderança em seu contexto. A necessidade cria motivação para examinar os problemas de liderança.

1. Ao pensar nas razões pessoais e relacionadas ao ministério que provocaram um déficit de liderança, cite aquelas com as quais você mais se identifica.

2. Quais desses déficits são evidentes em seu ministério ou sua organização?

O que queremos dizer com liderança cristã?

No sentido mais elementar, liderança significa influência; liderança cristã significa influência semelhante à de Cristo.

Poucos anos atrás, a comunidade cristã tentou corrigir alguns excessos da liderança autoritária e hierárquica. Tornou-se moderno falar em *liderança servidora*.[1] Sem dúvida, isso é muito útil, mas também apresenta alguns efeitos colaterais involuntários. Algumas pessoas promovidas a posições de grande responsabilidade estão preparadas para exercer o papel de servas, mas não a posição de líderes. E a expressão "liderança servidora" leva alguns líderes de talento inquestionável a ter receio de serem muito incisivos. Eles não querem dar a impressão de que lhes falta espírito de serviço.

---

[1] Robert K. Greenleaf. *Servant Leadership*, ed. 25º aniversário. Mahwah, N. J.: Paulist Press, 2002. A partir da década de 1970, a liderança servidora passou a combater os modelos de administração autoritária, isto é, de cima para baixo, sob a forma de administração por objetivos.

O tipo de liderança que este livro abordará tenta evitar os exageros cometidos tanto pelo poder como pela passividade. Esse tipo de liderança procura reunir pessoas e equipes em torno de um ideal ou missão comum, com a finalidade de agrupar seus dons e, dessa forma, realizar algo maior do que elas seriam capazes de fazer sozinhas.

A liderança que temos em mente significa influência cristã em todas as principais instituições de nossa sociedade. Por isso, não deve restringir-se ao ministério cristão.

O DESENVOLVIMENTO DA LIDERANÇA

Embora a liderança em seu sentido mais fundamental signifique influência e, portanto, não esteja restrita a funções institucionais, há também uma forma progressiva de pensar acerca dos estágios de desenvolvimento da liderança dentro das organizações e instituições cristãs.

1. *Tratamos em primeiro lugar de fazer discípulos.* Essa talvez pareça uma etapa óbvia, mas a missão de fazer discípulos — seguidores de Jesus — precede e é fundamental para a liderança semelhante à de Cristo. É a missão que Jesus atribuiu à Igreja quando disse a seus discípulos: "Portanto, vão e façam discípulos [meus seguidores] de todas as nações" (Mateus 28.19). Temos problemas quando deixamos de ensinar as pessoas a serem semelhantes a Cristo e abandonamos as disciplinas da fé como pré-requisitos para a liderança. Quando pulamos essa etapa, a qualidade de liderança distintamente semelhante à de Jesus perde-se no caminho.

2. *Os discípulos tornam-se exemplos de vida para outras pessoas.* Jesus deu o exemplo ao lavar os pés dos discípulos. Ele próprio se tornou exemplo e ordenou aos discípulos que fizessem o mesmo (João 13.1-17). O apóstolo Paulo escreveu: "Tornem-se meus imitadores, como eu o sou de Cristo" (1Coríntios 11.1). O modo de vida de muitos seguidores de Cristo é suficiente para exercer influência sobre outras pessoas, mesmo que eles não tenham em mente nenhuma estratégia clara para multiplicar o número de discípulos, nem um destino premeditado para aquelas pessoas que estão tentando conduzir a Cristo.

3. *Multiplicamos o número de discípulos.* A multiplicação do número de discípulos baseia-se no entendimento elementar da identidade de um discípulo de Jesus. Os

discípulos precisam aprender a reproduzir ou multiplicar sua influência por meio de outras pessoas.[2]

4. Líderes talentosos formam equipes competentes. Seja dirigindo um grupo pequeno de discipulado de três ou quatro pessoas, seja conduzindo um estudo bíblico domiciliar de dez pessoas ou, ainda, escolhendo alguém para formar uma equipe estratégica que imponha o ritmo de uma organização capaz de alcançar 10 mil pessoas, a liderança orienta o grupo para usar seus dons espirituais com a finalidade de realizar uma missão previamente aprovada por todos. Há muitas maneiras e estilos para chegar a esse ponto. Alguns formadores de equipes são administradores e ajudam o grupo a entender melhor seu ideal e a direcionar seus recursos para realizar a missão que lhes foi destinada. Outros líderes são a alma da missão. Transmitem paixão e mantêm vivo o ideal, levando o grupo a lembrar-se repetidas vezes de sua principal razão de existir.

5. Poucos são ungidos por Deus a ponto de causar um impacto extraordinário. Há líderes excepcionalmente competentes escolhidos por Deus. Eles se destacam por possuir uma mistura de dons de primeira grandeza. Ao longo das Escrituras, Deus escolheu e usou líderes poderosos para conduzir seu povo a regiões desconhecidas. Embora isso ainda ocorra, esses líderes são raros.

PARA QUEM ESTE MATERIAL FOI ESCRITO?

Este livro foi escrito para quem perdeu o ânimo de fazer parte do grupo de líderes cristãos por motivos pessoais ou relacionados ao ministério, citados anteriormente, e para os líderes existentes que almejam atuar à semelhança de Jesus. Especificamente, o livro é destinado a preparar

- cristãos leigos que desejam ter um entendimento básico dos princípios e práticas primordiais da liderança cristã, seja na igreja, seja no local de trabalho, seja em uma organização pública, seja na família.

- membros de igreja ou de instituições relacionadas a igrejas que procuram uma estrutura bíblica comum para ampliar o alcance de sua influência.

---

[2] Os livros de Greg, *Transforming Discipleship* e *Discipleship Essentials*, ambos sobre o mesmo assunto, descrevem o processo da multiplicação de discípulos e apresentam um currículo para implementar outros grupos de discipulado.

Em que situações este material pode ser usado?

- Por um grupo de liderança já formado. Para ajudar os membros de um ministério em atividade (por exemplo, presbíteros, pessoas responsáveis pela igreja, grupos missionários) a esclarecer o chamado de cada um deles e levá-los a exercer maior influência.

- Por uma equipe de líderes em formação. Para orientar e estimular um grupo de líderes potencial, preparando-os para entrar na liderança formal.

- Por um líder e seu seguidor. Para incentivar o aprendizado e troca de ideias entre ambos.

- Por um grupo pequeno ou classe de estudos bíblicos. Para dinamizar o pensamento e a prática de um grupo ou classe convencional, com a finalidade de levar seus integrantes a imaginar como a vida deles poderia estar em maior conformidade com o exemplo de Jesus e como ter maior influência para o Reino de Deus.

- Por um aspirante a líder. Para intensificar o desejo de alguém de desenvolver sua influência como líder.

Como este livro deve ser usado?

Cada capítulo do livro contém os seguintes elementos:

Verdade fundamental. Em cada capítulo do livro, há uma pedra preciosa da verdade cuidadosamente lapidada, que forma o tema central. Cada elemento do material que se segue (texto para memorizar, estudo bíblico dirigido, leitura complementar e exercício prático) expande a verdade fundamental. Todos os capítulos começam com uma discussão pelos participantes acerca das principais palavras e expressões. Isso permite que cada pessoa compreenda o conteúdo no mesmo nível dos outros e seja capaz de discutir as perguntas ou questões que a verdade fundamental provoca.

Texto para memorizar. Como em *Discipleship Essentials* [Elementos essenciais do discipulado, no prelo por Editora Vida], você notará que existe o mesmo compromisso de memorizar textos bíblicos, mas este livro contém elementos mais extensos. A memorização de textos bíblicos é uma ótima disciplina. É comum pensar que não há necessidade de memorizar nada pelo fato de termos acesso imediato a todos os tipos de informação na mídia eletrônica. Mas a mente é nossa ferramenta mais poderosa e atual, e precisamos fazer uso dela para desenvolver a capacidade de discipulado e liderança. Preencher a mente com a verdade e a sabedoria bíblica é a coisa mais importante que podemos fazer. Memorizar textos bíblicos é muito importante para entender o mundo de Deus.

Estudo bíblico dirigido. Cada capítulo interage com uma passagem importante da Bíblia. A passagem centraliza a verdade fundamental no contexto da Palavra de Deus. Os guias de estudo bíblico dirigido destinam-se a aprofundar o pensamento, não a simplesmente "preencher os espaços em branco". Nessa parte do livro, suas opiniões serão analisadas; em seguida, você será incentivado a esquadrinhar a Palavra; e finalmente será direcionado a aplicar a verdade à sua vida com honestidade inflexível.

Leitura complementar. A leitura destina-se a explicar com mais detalhes a verdade fundamental do capítulo. Cada leitura está consolidada na visão bíblica, mas se adapta ao ambiente contemporâneo, para que o mundo real inspire o desenvolvimento de nossa liderança. Neste ponto, há um destaque sobre a diferença entre a liderança cristã e a secular. A mídia tem o costume de promover bens materiais, fama, poder e aparência como se fossem alicerces sobre os quais construímos nossa vida. A liderança cristã quase sempre contradiz os valores dominantes da cultura. Portanto, essas leituras desafiam o ambiente contemporâneo.

Exercício prático. Talvez o elemento mais importante de cada capítulo seja o exercício prático. Cada capítulo exige, no mínimo, atenção especial e estudo minucioso do texto lido. Em geral, há uma tarefa específica para que o dom da liderança seja posto em prática e testado. Não basta apenas pensar em liderança. Precisamos exercitar os "músculos" da liderança por meio da prática.

COMO POSSO ADAPTAR OS ELEMENTOS ESSENCIAIS DA LIDERANÇA AO MEU AMBIENTE?

Este material pode ser usado por grupos e ambientes variados, para equipar e desenvolver líderes. Apresentamos três possibilidades.

Equipe de liderança já formada. Os grupos de liderança de um ministério ou empresa costumam reunir-se em intervalos regulares (mensalmente, por exemplo) com uma programação a ser completada. O objetivo é contrabalançar as dimensões espirituais e o desenvolvimento da equipe e de cada membro do grupo com tarefas a serem cumpridas. Com um grupo de 12 pessoas ou menos, você poderá fazer um estudo abrangente deste material em segmentos de 45 minutos. Antes da reunião, peça ao grupo que complete todas as partes das lições, inclusive o texto bíblico para memorizar. Explique que, quando o grupo estiver reunido, você dará atenção especial ao exercício prático. Os 45 minutos poderão ser divididos assim:

Discussão com o grupo inteiro (10 minutos). 1) Pensando na lição como um todo, como vocês resumiriam a totalidade do que está sendo discutido aqui? 2) Houve alguma verdade particular ou uma revelação espiritual que lhes chamou a atenção?

Divisão em grupos de três ou quatro pessoas (30 minutos). 1) Recite o texto bíblico memorizado: que importância teve para cada um a memorização deste texto em particular? 2) Passe para o exercício prático e escolha as perguntas ou atividades mais apropriadas para o desenvolvimento dos líderes e da equipe.

Encerramento com o grupo inteiro (5 minutos). Pergunte a cada grupo de três ou quatro pessoas que ideias ou ações seriam úteis para o grupo inteiro tomar conhecimento.

Grupo especial de liderança ou grupo pequeno. Alguns leitores poderão usar este material como ferramenta para um grupo de líderes em formação (sistema de treinamento de líderes). Se houver um pequeno grupo já formado, este currículo poderá ser adotado durante um trimestre. A ideia é que o grupo tenha menos de 12 pessoas. Se você dispuser de 90 a 120 minutos, sugerimos adotar o seguinte esquema:

Verdade fundamental (discussão com o grupo inteiro, 10 minutos). Peça a todos do grupo que citem as palavras ou expressões que mais lhes chamaram a atenção. Na verdade fundamental, qual foi a verdade ou revelação espiritual que mais lhes tocou?

Texto para memorizar (discussão em duplas, 15 minutos). Recitem o texto um para o outro e, a seguir, troquem ideias sobre as perguntas dirigidas.

Estudo bíblico (discussão com o grupo inteiro, 25 minutos). Troquem ideias sobre as perguntas dirigidas para assimilar os principais pontos da passagem bíblica.

Exercício prático (discussão com grupos de três pessoas, 30 minutos). O líder do grupo sugere as perguntas e/ou atividades mais adequadas para expandir o caráter da liderança e a capacidade dos participantes.

Encerramento (grupo inteiro, 10 minutos). Revejam juntos as observações finais que o líder queira fazer e/ou convide os participantes a relatar os pontos do exercício prático que serviram para ampliar ou melhorar seus conhecimentos.

Em ambiente de ensino ou sala de aula. Este currículo também pode ser usado em uma sala de aula mais formal na qual o professor/treinador queira intercalar suas ideias bíblicas e de liderança na estrutura do currículo. Se o grupo de liderança for composto de mais de 12 pessoas, sugerimos o seguinte esquema.

> "O LÍDER CRISTÃO É UMA PESSOA COM CAPACIDADE E RESPONSABILIDADE CONCEDIDAS POR DEUS PARA INFLUENCIAR UM GRUPO ESPECÍFICO DO POVO DE DEUS COM A FINALIDADE DE CUMPRIR O PROPÓSITO DE DEUS PARA O GRUPO."
>
> J. Robert Clinton
> *Etapas na vida de um líder*

Introdução (em duplas, 5 minutos). O líder do grupo pede que cada dupla de participantes relate, de forma resumida, o teor da lição. Em seguida, eles são convidados a mencionar uma verdade ou revelação espiritual que lhes foi particularmente penetrante.

Verdade fundamental (5 minutos). O líder do grupo destaca as palavras ou frases principais enfatizando sua importância em relação à verdade fundamental.

Texto para memorizar (em duplas, 15 minutos). Recitem o texto um para o outro e, a seguir, troquem ideias sobre as questões dirigidas.

Estudo bíblico (grupo inteiro, 25 minutos). O professor/treinador usa o guia de estudo bíblico dirigido para que o grupo possa interagir e complementar com pesquisas e ideias que esclareçam o texto.

Exercício prático (grupos de três ou quatro, 30 minutos). O professor/treinador escolhe entre as sugestões qual é a aplicação da matéria de liderança mais desejada.

Encerramento (grupo inteiro, 10 minutos). O professor/treinador pede a todos do grupo que mencionem alguns progressos que tiveram em consequência desta lição. Em seguida, pode apresentar uma exortação ou reiteração de uma verdade fundamental. Finalmente, o professor/treinador orienta sobre a tarefa para a próxima reunião do grupo.

Conclusão

O desenvolvimento da liderança não é simplesmente uma questão de estudar algumas lições ou fazer alguns exercícios enquanto interagimos com outras pessoas. Este currículo é uma ferramenta que fornece o ambiente para uma grande transformação, mas quem toma conta de nosso coração e muda nossa vida é o Espírito Santo. Portanto, antes de iniciar esta jornada, que esta seja a nossa oração:

Amado Senhor, ao iniciar esta jornada de crescimento para tornar-me o líder que desejas que eu seja, necessito ser guiado por ti. Concede-me a graça de fazer uma sincera autoanálise, bem como energia para eu buscar a verdade e implementar as práticas que consolidaste em minha vida. Oro em nome de Jesus. Amém.

Parte um

O CARÁTER DE UM LÍDER

Começamos falando do caráter de um líder por um motivo simples: é nesse ponto que a Bíblia se concentra. O Novo Testamento, em particular, não dedica muita atenção ao que o líder faz. Não há nenhuma descrição pormenorizada das funções de pastor, presbítero ou bispo. Em relação aos líderes, encontramos apenas algumas referências superficiais sobre o ensino da verdade (Atos 20.27-31; 1Timóteo 3.2; Tito 1.9) e sobre a preparação dos santos para a obra do ministério (Efésios 4.11,12). Também não encontramos na Bíblia nenhuma lista dos dons ou dos dez principais atributos do líder.

A Bíblia preocupa-se mais com *quem* o líder é que com *o que* o líder faz. Por quê? A liderança no Novo Testamento gira em torno de refletir o caráter do Líder e Pastor do rebanho, Jesus Cristo. Nas Epístolas Pastorais (1 e 2Timóteo e Tito), Paulo apresenta listas dos requisitos necessários para o cargo de presbítero na igreja. Com exceção de "apto para ensinar", todos os requisitos relacionam-se ao caráter moral e espiritual.

Portanto, nesta primeira parte, estudaremos as três características de um líder.

Santidade (cap. 1). Jesus Cristo é a personificação da santidade de Deus e, por conseguinte, nossa inspiração e modelo para uma vida santa. Os líderes verdadeiros atuam como refletores. Se Jesus é o Sol, somos a Lua, que só pode ser vista porque reflete uma luz que não é dela. E, pelo fato de não termos luz própria, precisamos certificar-nos de que estamos ligados àquele que é a fonte de luz. Este primeiro estudo, portanto, refere-se à nossa responsabilidade de cultivar o fruto do Espírito Santo, isto é, as nove características nobres que resumem a pessoa de Jesus Cristo.

Hábitos (cap. 2). Os líderes cristãos encontram vida e alegria verdadeiras naquele a quem servem. Cultivam os ritmos e os hábitos de um relacionamento frutífero com Cristo de tal forma que levam os outros a dizer: "A alegria na vida daquele líder é algo que eu gostaria de ter". Esta lição examina como podemos desenvolver um programa de treinamento que nos renove, para que de nosso interior fluam "rios de água viva" (João 7.38).

Humildade (cap. 3). Os bons líderes exercitam seu poder e influência de forma correta. A noção de poder retratada pelo mundo relaciona-se a ter domínio sobre os outros. Medo, intimidação e coerção são usados para controlar alguém. Jesus diz: "Não será assim entre vocês" (Mateus 20.26). O poder vindo de Deus não exalta os líderes, mas capacita aqueles que estão sendo servidos. Em uma palavra, o líder semelhante a Cristo é *humilde*.

1

SANTIDADE

Indicações preliminares

Texto para memorizar: 1Pedro 1.14-19
Estudo bíblico: Isaías 6.1-8
Leitura complementar: Simplesmente o maior de todos
Exercício prático: Verificando a saúde da santidade

✝ Verdade fundamental

Qual é a qualidade de maior projeção no caráter de Cristo que serve de base para a vida dos discípulos que atuam como líderes?

Os discípulos líderes[1] concentram o olhar na santidade de Cristo e desejam refletir essa santidade no caráter e na conduta de sua própria vida. Essa santidade é uma combinação de pureza moral, espiritualidade, propósito sagrado e poder transcendente.

1. Identifique as principais palavras ou expressões da questão e resposta acima e explique o significado de cada uma delas.

2. Repita a verdade fundamental com suas palavras.

3. Que perguntas ou questões a verdade fundamental provoca em você?

---

[1] Usamos a expressão "discípulos líderes" ao longo do livro para descrever o tipo de liderança para a qual Cristo nos chama. A liderança e o discipulado estão inexoravelmente ligados. Em primeiro lugar, precisamos considerar-nos discípulos de Cristo e, em segundo, discípulos chamados a liderar.

Guia de estudo do texto para memorizar

Copie o texto inteiro aqui:

_____
_____
_____
_____
_____
_____
_____
_____
_____
_____
_____
_____
_____
_____
_____
_____
_____
_____
_____
_____
_____

Texto para memorizar: 1Pedro 1.14-19

Entendendo o contexto: O apóstolo Pedro foi um homem que teve um encontro frente a frente com seu pecado. Tentou convencer Jesus a desistir da cruz, vangloriou-se de ser mais leal a Cristo que os outros discípulos e, por fim, negou Cristo ao ser pressionado. Pedro também teve um encontro frente a frente com a maravilhosa graça de Deus. Isso o leva a fazer o apelo tão comovedor neste texto.

1. Como a "ignorância" pode fazer uma pessoa se deixar "amoldar pelos maus desejos" (v. 14) ou desejar ter uma "maneira vazia de viver" (v. 18)? Cite um exemplo disso.

2. Com base em sua experiência ou observação na vida de outras pessoas, quais são alguns desses maus desejos que poderiam existir por trás das ações de um líder?

3. O que a palavra "santo" (v. 15,16) significa ou sugere para você?

4. O que significa viver "com temor durante a jornada terrena" (v. 17)?

5. Mencione pelo menos dois argumentos (mais, se for possível) para sermos santos, relacionados por Pedro nesta passagem.

Guia de estudo bíblico dirigido

Estudo bíblico: Isaías 6.1-8

Isaías 6 relata o chamado do profeta Isaías para servir a Deus. Os eventos citados no texto ocorrem logo após a morte de Uzias, o rei amado pelo povo de Israel. Até aquela altura, Uzias era a pessoa mais poderosa que Isaías conhecera. O rei Uzias, um estadista brilhante, líder moral inusitadamente forte e figura pública cativante, havia conduzido o povo de Israel por um período inédito de cinquenta anos. Quando ele morreu, todo o povo de Israel, incluindo Isaías, chorou amargamente. Jamais eles encontrariam alguém de tamanha grandeza. Em seguida, Isaías teve a visão.

1. Na época de Isaías, o grande templo em Jerusalém era a maior e mais esplêndida edificação que Isaías conhecera, especialmente após sua restauração durante o reinado de Uzias. O que o versículo 1 sugere acerca da magnitude e glória de Deus?

   Que palavras são usadas para descrever a glória de Deus?

2. Os "serafins" eram anjos guerreiros, seres de força e velocidade extraordinárias. Lemos no versículo 4 que o som da voz deles provocou abalo e terror no templo. A referência aos "pés" dos serafins parece ser um eufemismo de "partes íntimas". Em sua opinião, qual é o significado desses seres poderosos que cobriam o rosto e os "pés"?

3. O que os serafins dizem a respeito do caráter e influência de Deus no versículo 3?

   Qual é o significado da repetição da palavra "santo" três vezes?

4. Qual foi a primeira reação emocional e espiritual de Isaías diante desse encontro (v. 5) e por quê?

Você já teve sensação semelhante quando contemplou a natureza de Deus? Como você relata essa experiência de adoração?

5. De acordo com os versículos 6 e 7, como o Senhor aliviou a sensação de desintegração moral de Isaías?

6. Por que Isaías se apresentou voluntariamente quando recebeu o chamado de Deus (v. 8)?

7. Que perguntas ou questões esta passagem provoca em você?

Leitura complementar: Simplesmente o maior de todos

Conta-se a história de um velho que, por muitas décadas, costumava voltar à cidade de Atenas, com o intervalo de alguns anos. A cada visita, ele subia na parte mais elevada da Acrópole, sentava-se em uma das pedras antigas e passava uma hora ou duas contemplando o imenso pedestal, as colunas imponentes e as proporções perfeitas do Partenon. Quando lhe perguntaram por que fazia aquilo, o velho sorriu apertando os olhos e respondeu: "Faço isso para manter meus patamares nas alturas".

Pelo mesmo motivo, muitos de nós que esperamos ser usados por Deus como líderes continuamos a manter o olhar fixo em Jesus. Ele é o maior exemplo de líder. Para não cometer injustiças, podemos afirmar que houve afirmativas semelhantes a respeito de outras pessoas. Quando Vladimir Lenin foi sepultado em Moscou, em 1924, a seguinte inscrição foi colocada ao lado de seus restos mortais embalsamados: "Aqui jaz o maior líder de todos os tempos. Ele foi o senhor da nova humanidade. Foi o salvador do mundo".[2]

Essas palavras, sejam aplicadas a Lenin ou a qualquer outro líder, parecem vazias hoje em dia, não? Esses líderes estão mortos e enterrados (ou um dia o serão). O relógio não para, e seus reinos são (ou serão) história. Mas a pessoa e a influência de Jesus permanecem vivas até hoje, como foram na primeira vez em que ele esteve no monte do templo em Jerusalém. A revista *Time* fez a seguinte observação:

> A lembrança de qualquer período da História traz-nos à memória uma lista de nomes, e uma das melhores maneiras de relembrar os dois últimos milênios é relacionar as pessoas que exerceram grande poder. Maomé; Catarina, a Grande; Marx; Gandhi; Hitler; Roosevelt; Stalin e Mao são lembrados rapidamente. Não há dúvida de que todas essas personalidades históricas mudaram a vida de milhões de pessoas e provocaram reações tanto de adoração quanto de ódio.
>
> Seria, no entanto, necessário um cálculo muito estranho para negar que a pessoa mais poderosa — não nestes dois últimos milênios, mas em toda a história da humanidade — tenha sido Jesus de Nazaré [...]. [Um] sério argumento pode ser apresentado: a vida de nenhuma outra pessoa conseguiu provar, nem de longe, ser tão poderosa e duradoura como a de Jesus.[3]

---

[2] Raymond McHenry. *The Best of In Other Words*. Houston: Raymond McHenry, 1996, p. 221.

[3] Reynolds Price. "Jesus of Nazareth". *Time*, 6 dez. 1999. Disponível em: www.time.com/time/magazine/article/0,9171,992745-1,00.html.

Liderança é a arte de multiplicar influência, e, neste contexto, Jesus é considerado o mestre de todos os líderes. É por isso que muitos de nós concordamos com o autor da carta aos Hebreus de que Jesus é "digno de maior glória" (3.3) que outros líderes. Mesmo aqueles que não conseguem aceitar a doutrina principal do cristianismo de que Jesus foi o Criador do Universo e se tornou carne (João 1.1-3,14) não podem deixar de espantar-se ou admirar-se diante do brilhantismo ético, do incomparável exemplo moral, da persistência espiritual e dos efeitos sociais da vida e liderança de Jesus. O famoso autor Briton H. G. Wells escreveu certa vez:

> Mais de 1.900 anos depois, um historiador como eu, que não merece sequer afirmar ser cristão, descobre a narrativa centralizando-se irresistivelmente na vida e caráter deste homem, o mais importante de todos [...]. O teste de grandeza do historiador é: "O que ele deixou para germinar?". Será que ele fez os homens começarem a pensar de novas maneiras, com um vigor que persistiu após sua partida? Neste teste, Jesus ocupa o primeiro lugar.[4]

Ele é simplesmente o maior de todos.

---

[4]   Mark S. J. LINK. *He Is the Still Point of the Turning World*. Chicago: Argus Communications, 1971, p. 111.

A NATUREZA DO FORMADOR DE OPINIÃO

A grandeza pode ser uma característica misteriosa. É comum em nossos dias ler livros que reduzem a grande liderança a um conjunto de técnicas ou metodologias. Até Jesus foi enquadrado dessa maneira, tendo sua liderança empacotada em um conjunto de práticas úteis. Evidentemente, analisaremos com muito critério os métodos de Jesus, mas um estudo minucioso dos materiais bíblicos que registram a vida de Cristo leva-nos a uma conclusão inegável: Jesus foi um excepcional *formador de opinião* por ter sido, antes e acima de tudo, um *ser* extraordinário. *Sua influência originou-se de sua natureza.* Seu impacto foi um transbordamento de sua identidade. Sua conduta foi um derramamento de seu caráter. E, se quisermos segui-lo, precisamos começar a ser *santos* como ele foi.

A palavra "santo" caiu em desuso em nossos dias. Quando usada, em geral é empregada no sentido pejorativo — como em "santo de pau oco" ou "sou muito mais santo que você". Para muitas pessoas, a palavra sugere um modo de vida mesquinho, falso ou santarrão. Isso é lamentável, porque o conceito bíblico de santidade encerra um significado muito mais grandioso e inspirador. É tão diferente do conceito popular como o Partenon difere de um cubículo. C. S. Lewis comentou certa vez com uma amiga norte-americana:

Como sabem pouco aqueles que pensam que a santidade é maçante. Quando se encontra a verdadeira santidade [...] ela é irresistível. Se apenas dez por cento da população mundial conhecessem a santidade, a senhora não acha que o mundo todo estaria convertido e feliz dentro de um ano?[5]

Quando fala de santidade, a Bíblia atribui à palavra uma variedade de sentidos vibrantes. Todas essas dimensões de santidade estão vivas e presentes no caráter e na conduta de Jesus. Juntas, elas ajudam a provar por que tantas pessoas consideram sua liderança irresistivelmente influente.

> "OS CRISTÃOS CONSAGRADOS PRECISAM COMPREENDER QUE O DESEJO E A ORDEM SUPREMOS DE DEUS PARA NÓS SÃO: BUSCAR CONTINUAMENTE TER UMA VIDA DE SANTIDADE E REFLETIR A SANTIDADE DELE."
>
> Herbert S. Lockyer Sr.
> Fonte desconhecida

A PUREZA DE JESUS (AUSÊNCIA DE PECADO)

No sentido bastante conhecido, santidade significa pureza. É o estado de perfeição moral, a ausência absoluta de pecado. É a água viva correndo límpida, fresca e totalmente transparente. Esse aspecto do caráter de Jesus deixou estarrecidas as primeiras pessoas que conviveram com ele. Você acha que Mateus (o publicano), Maria Madalena (que havia sido possuída por demônios) ou os outros discípulos (homens que sabiam negociar) eram ingênuos a respeito da natureza humana? Por certo, eles tinham bom conhecimento da superficialidade, complexidade e fingimento das pessoas. Alguns passaram três anos convivendo intimamente com Jesus. E o apóstolo Pedro disse estas palavras a respeito de Jesus:

"Ele não cometeu pecado algum, e nenhum engano foi encontrado em sua boca" (1Pedro 2.22).

O apóstolo João disse: "[...] e nele não há pecado" (1João 3.5). O autor da carta aos Hebreus resumiu a experiência e o ensinamento coerentes dos primeiros seguidores de Cristo dizendo que Jesus, "como nós, passou por todo tipo de tentação, porém sem pecado" (4.15).

Quem de nós imaginaria dizer algo semelhante acerca de uma pessoa da família, de um colega de escola ou de trabalho? Quem de nós imaginaria um líder da atualidade dizer à imprensa: "Podem vasculhar minha vida. Duvido que algum de vocês encontre *alguma* sujeira em mim". Apesar disso, Jesus enfrentou alguns fariseus dispostos a pôr sua liderança em dúvida. Ele lhes disse: "Qual de vocês pode me acusar de algum pecado?" (João 8.46). Pense no grande número de líderes que perderam ou reduziram seu poder

---

[5] C. S. LEWIS. *Cartas a uma senhora americana.* São Paulo: **Vida**, 2007.

de influência porque, apesar de tudo o que fizeram ou disseram, havia uma sujeira oculta ou falta de integridade na vida deles. Mas ninguém encontrou nenhum pecado em Jesus. Ele teve uma vida verdadeiramente santa.

Os frutos produzidos por Jesus (A presença do fruto)

Santidade, contudo, é muito mais que ausência de pecado. É também presença da glória. O espaço onde não existe escuridão e morte causados pelo pecado é preenchido com a luz e a vida de Deus. Foi esse o entendimento do apóstolo João quando escreveu, em nome dele e dos outros discípulos, palavras arrebatadoras a respeito de Jesus: "Vimos a sua glória, glória como do Unigênito vindo do Pai, cheio de graça e de verdade" (1.14).

O apóstolo Paulo diz que onde o Espírito de Deus habita, o pecado é substituído pelo resplendor do bom fruto. "Mas o fruto do Espírito é amor, alegria, paz, paciência, amabilidade, bondade, fidelidade, mansidão e domínio próprio" (Gálatas 5.22,23). Esses aspectos da santidade são exatamente as qualidades que vemos em profusão em Jesus. Elas ajudam a explicar por que o povo se sentia atraído por ele

> "Só nos completamos quando Cristo é o nosso Senhor absoluto."
>
> John Stott
> Trecho de uma palestra na
> Christ Church of Oak Brook

da mesma forma que uma multidão faminta se sente atraída por um cesto de frutas.

Muitas pessoas têm sede de santidade sem conhecer seu significado. Durante anos eu (Dan) perguntei às pessoas que manifestavam o desejo de ser membros da igreja: "Vocês querem ser santos?". Elas encolhiam os ombros, constrangidas. Algumas levantavam as mãos timidamente. Depois disso, passei a perguntar: "Vocês gostariam de ter mais amor, alegria, paz, paciência, amabilidade, bondade, fidelidade e os demais frutos do Espírito em sua vida?". Todos na sala levantavam a mão imediatamente. Sempre.

O mesmo ocorreu com Jesus. Seus primeiros discípulos viram nele uma qualidade de caráter tão atraente que se dispuseram a abandonar suas redes de pescaria e segui-lo. Encontraram uma pessoa na qual havia tantos frutos bons que decidiram acompanhá-lo em suas viagens durante três anos. Esperavam, talvez, adquirir um caráter mais semelhante ao de Jesus por meio de um contato próximo com ele. C. S. Lewis estava certo. A santidade, quando compreendida corretamente, não é nem um pouco maçante. Santidade é a beleza envolvente e a plenitude da natureza de Deus para as quais fomos feitos.

O PROPÓSITO DE JESUS (PLENA DEDICAÇÃO)

A Bíblia também define santidade em termos de "separar" ou "dedicar a um propósito sagrado". Certos *lugares* mencionados no Antigo Testamento, como o tabernáculo e o templo, eram considerados "santos" e inteiramente dedicados à presença de Deus e ao culto (Êxodo 26.33). Da mesma forma, os israelitas receberam a ordem de Deus de separar algumas *coisas* para serem usadas unicamente para adorar a Deus: "Depois unja o altar dos holocaustos e todos os seus utensílios; consagre o altar, e ele será santíssimo" (40.10). O ato de separar alguns ambientes e objetos tinha o significado de expressar que Deus está isolado e separado de forma transcendental da humanidade. Significava também reconhecer que a verdadeira reverência à glória de Deus exige mais que uma simples confirmação com um movimento de cabeça. Exige dedicação e compromisso verdadeiros.

Era por isso que os judeus também separavam *pessoas* ou "as tornavam santas" para cumprirem os propósitos de Deus. Êxodo 40 descreve como Arão e seus filhos foram consagrados para servir a Deus como sacerdotes. Lemos, muito mais adiante, no evangelho de Lucas, que "José e Maria o levaram [Jesus] a Jerusalém para apresentá-lo ao Senhor (como está escrito na Lei do Senhor: 'Todo primogênito do sexo masculino será consagrado ao Senhor')" (2.22,23).

Jesus também conviveu com essa sensação de santidade. Em toda a sua vida, ele demonstrou grande consciência de ter sido separado para cumprir a vontade de Deus. Ao descrever o propósito de estar neste mundo, Jesus disse: "Pois desci dos céus, não para fazer a minha vontade, mas para fazer a vontade daquele que me enviou" (João 6.38). Ao revelar o que de fato lhe dava a sensação de estar cumprindo a vontade do Pai, Jesus disse: "A minha comida é fazer a vontade daquele que me enviou e concluir a sua obra" (4.34). Ao resumir esse propósito inabalável, Jesus declarou com todas as letras: "[...] pois sempre faço o que lhe agrada [aquele que me enviou]" (8.29). E o autor da carta aos Hebreus afirmou: "[Jesus] foi fiel àquele que o havia constituído" (3.2).

O PODER DE JESUS (PODER SOBRENATURAL)

Há, no entanto, outra dimensão importante com referência à santidade. Conforme vimos no estudo de Isaías 6, a santidade também está quase sempre associada ao poder sobrenatural de Deus. David Head, membro da igreja metodista, destaca que, lamentavelmente, muitas pessoas não entendem essa dimensão, conforme revela este arremedo de oração:

Benevolente e afável [Deus], somos culpados de vez em quando por erros de julgamento. Vivemos sob o peso da hereditariedade e dos malefícios do meio ambiente. Deixamos, às vezes, de agir de acordo com o bom senso. Diante das circunstâncias, temos feito o melhor que podemos e tomamos todo o cuidado de não menosprezar os padrões comuns da decência. E alegramo-nos por achar que somos razoavelmente normais. Suplicamos-te, ó Senhor, que trates com brandura nossos lapsos ocasionais. Que tua doce presença esteja com aqueles que admitem não ser perfeitos, de acordo com a tolerância ilimitada que esperamos de ti e à qual temos direito. E concede-nos, à semelhança de um pai indulgente, que possamos continuar a ter uma vida inofensiva e feliz, e mantém nosso autorrespeito. Amém.[6]

> "A SANTIDADE MANIFESTA DEVERIA SER A MARCA DA IGREJA DE DEUS. UMA IGREJA SANTA TEM DEUS NO MEIO DELA."
>
> Charles Haddon Spurgeon
> "Holiness, the Law of God's House"

Depois de ler os Evangelhos, é difícil acreditar que a natureza de Jesus seja minimamente semelhante a essa. Assim como o Pai celestial, com quem o Espírito e o Filho formam uma unidade, Jesus não se deixa ser levado por ninguém. Não podemos exigir nada dele para atender a nossos propósitos. Ele não é um recurso de última hora nem um caixa automático do "Banco da Graça". Não pode ser passado para trás, enganado ou manipulado. A presença do fruto do Espírito na vida de Cristo não remove de maneira nenhuma a realidade de que seu poder é sobrenatural. Jesus é santo.

Lemos no primeiro capítulo do evangelho de Marcos apenas um dos muitos encontros de Jesus com os poderes malignos, poderes esses tão terríveis que nos fariam tremer de medo em nossos pesadelos. Observe, porém, como essas forças demoníacas reagem diante de Jesus: "O que queres conosco, Jesus de Nazaré? Vieste para nos destruir? Sei quem tu és: o Santo de Deus!" (v. 24). Os demônios têm medo de Jesus. Outras pessoas, até mesmo os discípulos, estremeceram ao ver Jesus dominar as forças da natureza: "Eles estavam apavorados e perguntavam uns aos outros: 'Quem é este que até o vento e o mar lhe obedecem?'" (4.41).

Jesus não está fazendo um teste para ocupar a função de "Senhor"; ele é o Deus grandioso e santo que veio a este mundo em forma de homem e está entre nós até hoje por meio do poder do Espírito Santo. O teólogo Karl Barth fez o seguinte comentário: "Não se pode falar de [Jesus] simplesmente falando de um homem em

---

[6] *He Sent Leanness: A Book of Prayers for the Natural Man*. New York: Macmillan, 1962.

voz alta".[7] O Deus que encontramos em Cristo deixa bambos os joelhos dos anjos e dos demônios, embora por motivos diferentes. Somente por sua graça maravilhosa continuamos vivos em sua presença. Somente pela graça ele se oferece a nós como Salvador antes de retornar um dia como Juiz. Somente por sua graça temos a oportunidade de exercer um papel na vida de seu Reino.

O CAMINHO DE JESUS (PASSOS PARA A SANTIDADE)

Finalmente, no Reino de Deus, a liderança é encontrada no *discipulado*. O apóstolo Pedro faz esta observação: "[...] Cristo sofreu no lugar de vocês, deixando-lhes exemplo, para que sigam os seus passos" (1Pedro 2.21). Para um líder cristão, o que significa seguir os passos santos de Jesus? Quatro imperativos importantes vêm-nos à mente.

Livre-se da impureza. Nenhum de nós será perfeitamente santo nesta vida. O pecado continuará a manchar os aspectos de nosso caráter e conduta. Como cristãos, somos gratos porque Deus não nos mede com os parâmetros de nossa

> "MAS, ASSIM COMO É SANTO AQUELE QUE OS CHAMOU, SEJAM SANTOS VOCÊS TAMBÉM EM TUDO O QUE FIZEREM, POIS ESTÁ ESCRITO: 'SEJAM SANTOS, PORQUE EU SOU SANTO.'"
>
> 1Pedro 1.15,16

justiça, mas com os parâmetros de Cristo. Ao mesmo tempo lembramos que Jesus "nos chamou com uma santa vocação" (2Timóteo 1.9). Nossa busca pela pureza é, antes e acima de tudo, sinal de um desejo de sermos iguais ao Mestre. E a maneira pela qual preservamos nossa credibilidade como líderes também é parte importante dessa busca pela pureza. "Não damos motivo de escândalo a ninguém, em circunstância alguma, para que o nosso ministério não caia em descrédito. Ao contrário, como servos de Deus, recomendamo-nos de todas as formas" (2Coríntios 6.3,4). Podemos ter ótimos talentos naturais, ter todas as técnicas e habilidades como líderes, mas, se deixarmos de atacar o orgulho, a inveja, a glutonaria, a luxúria, a ira, a ganância, a preguiça e outros pecados dentro de nós, nossa influência criativa será diminuída ou até mesmo anulada. Os discípulos líderes lembram-se de que a pureza não é almejada pelos santarrões, mas é o desejo daqueles que querem ter uma vida e uma contribuição duradouras à semelhança de Jesus.

Cultive o fruto do Espírito. No capítulo 2 analisaremos os hábitos mediante os quais se desenvolvem as dimensões positivas de um caráter santo. Por ora, basta dizer que

---

[7] *The Word of God and the Word of Man.* Boston: Pilgrim Press, 1928, p. 195-6.

talvez a coisa mais importante que os líderes devam fazer é cultivar o fruto do Espírito, não porque as pessoas tolerem com mais facilidade as imperfeições e os tropeços dos líderes quando eles exibem o fruto, nem porque mais pessoas desejam aproximar-se de líderes que são santos nesse sentido, embora ambas as afirmações sejam verdadeiras. Ao contrário, esse "produto" exerce mais influência que qualquer outro programa que possamos criar. Quando encontram o verdadeiro amor, a alegria, a paz e outros frutos na natureza humana, as pessoas encontram o caráter de Jesus e aproximam-se mais dele. É privilégio do líder dar a elas um gostinho dessa comunhão.

Consagre-se diariamente. Jesus revela que quem segue seus passos deve estar disposto a ser santo, isto é, deve estar disposto a isolar-se e dedicar-se aos propósitos de Deus. Para dar ênfase a esse ponto, Jesus diz: "Se alguém quiser acompanhar-me, negue-se a si mesmo, tome diariamente a sua cruz e siga-me" (Lucas 9.23). A liderança cristã é a escolha diária e deliberada de seguir um caminho às vezes penoso, mas de enorme influência sobre outras pessoas.

Lembre-se de quem você representa e a quem serve. Quando conhecemos um Senhor de pureza e poder extraordinários, tornamo-nos pessoas altamente responsáveis. Entendemos que "toda a autoridade nos céus e na terra" pertence a Jesus (cf. Mateus 28.18) e todo poder ou influência que tivemos o privilégio de receber nesta vida vem dele. Um dia, ele fará uma análise minuciosa de como cuidamos dos recursos e relacionamentos que nos foram confiados (25.14-46). Esse mesmo Deus espera ver sua vontade santa ser feita neste mundo como já está sendo feita nos céus (6.9-13). Assim, como discípulos e líderes, devemos cuidar dessa missão com uma mistura de humildade e gratidão, profunda reverência e propósito sagrado.

"Portanto, santos irmãos, participantes do chamado celestial, fixem os seus pensamentos em Jesus" (Hebreus 3.1). Ao fazer isso, você manterá seus patamares nas alturas.

Exercício prático: verificando a saúde da santidade

1. Que aspecto do caráter de Jesus você acha particularmente arrebatador?

2. Pare um pouco para fazer um corajoso inventário moral da pureza de seu caráter. Relacione pelo menos duas coisas em sua vida que, se não forem atacadas, poderão servir de escândalo àqueles que você lidera.

3. Avalie a presença do fruto do Espírito em sua vida. Faça um X no espaço em branco ao lado dos frutos que você considera mais abundantes em sua vida neste momento.

_____ *Amor*. Desejo o bem dos outros e expresso isso em minhas ações, buscando amá-los como Cristo me ama.

_____ *Alegria*. Continuo alegre, esperançoso e agradecido, mesmo em meio a situações difíceis.

_____ *Paz*. Deixo de lado a ansiedade a respeito do passado, presente e futuro, pondo minha fé na presença, nas promessas e na providência de Deus.

_____ *Paciência*. Demonstro tolerância diante dos pecados, medos e limitações das outras pessoas, sabendo que Deus age assim para comigo.

_____ *Amabilidade*. Demonstro consideração e compaixão verdadeiras para com os outros, procurando atender às necessidades de cada um.

_____ *Bondade*. Uso meus recursos como Jesus faria, expressando a Deus e estendendo aos outros a graça que tenho recebido.

_____ *Fidelidade*. Permaneço fiel à Palavra e ao chamado de Deus, cumprindo minhas promessas e perseverando diante das provações.

_____ *Mansidão*. Trato os outros com sensibilidade e ternura, restringindo a força que eu poderia exercer.

_____ *Domínio próprio*. Demonstro poder, mediante o Espírito, para direcionar minhas paixões e desejos, não permitindo que eles me direcionem.

4. Faça um círculo ao redor do fruto (relacionado no item 3) que, a seu ver, precisa ser desenvolvido em sua vida. Ore a Deus neste momento, pedindo que ele o ajude a cultivar muito mais frutos nessas áreas.

5. Que aspectos de sua vida você considera *santos* — separados ou consagrados — para Deus?

 Como você os demonstra?

6. O que você continua retendo — involuntariamente ou sem ter condições de dedicar a Deus?

Para um estudo mais aprofundado

BRIDGES, Jerry. *The Pursuit of Holiness*. Colorado Springs: NavPress, 1988.
Memorize Colossenses 3.1-17.

2

HÁBITOS

Indicações preliminares

Texto para memorizar: 1Coríntios 9.24-27
Estudo bíblico: Marcos 4.1-20
Leitura complementar: Treinar *versus* tentar ter uma vida cristã
Exercício prático: Desenvolvendo um ritmo de vida

 Verdade fundamental

Como os líderes cristãos cultivam a santidade?

Os discípulos líderes cavam sulcos no solo do coração para que a semente da Palavra de Deus ali plantada possa criar raízes e produzir muitos frutos. Esses sulcos são cavados por meio das clássicas disciplinas espirituais (hábitos) que preparam e abrem as portas da vida interior para que o Espírito Santo possa realizar sua obra transformadora.

1. Identifique as principais palavras ou expressões da questão e resposta acima e explique o significado de cada uma delas.

2. Repita a verdade fundamental com suas palavras.

3. Que perguntas ou questões a verdade fundamental provoca em você?

> "A FORMAÇÃO ESPIRITUAL EM CRISTO É O PROCESSO PELO QUAL O SER HUMANO ENTRA EM AÇÃO E MUDA DA AUTOADORAÇÃO PARA A AUTONEGAÇÃO CENTRALIZADA EM CRISTO COMO CONDIÇÃO GERAL TANTO DA VIDA ATUAL QUANTO NO REINO ETERNO DE DEUS."
>
> Dallas Willard
> *A renovação do coração*

Guia de estudo do texto para memorizar

Copie o texto inteiro aqui:

_____
_____
_____
_____
_____
_____
_____
_____
_____
_____
_____
_____
_____
_____
_____
_____
_____
_____

Texto para memorizar: 1Coríntios 9.24-27

Para viver como cristão e preparar-se para ser líder, é necessário adotar um estilo de vida disciplinado. No texto para memorizar, Paulo compara a disciplina de crescer em Cristo com a de um atleta treinando para competir.

1. *Entendendo o contexto*: Analise 1Coríntios 9.1-23. Em que medida o compromisso de Paulo com o evangelho é uma ilustração ampliada de um líder submetido a um "treinamento rigoroso" (v. 25)?

2. Qual é o principal ponto que Paulo deseja que compreendamos quando ele compara a vida cristã à de um atleta?

3. No versículo 25, Paulo contrasta o objetivo de uma competição atlética com o objetivo da vida cristã. Como isso afeta nossa motivação?

4. No momento presente, como você caracterizaria sua atitude ou posicionamento para ter uma vida cristã?

5. Que mudança de atitude este texto bíblico pede que você adote?

Guia de estudo bíblico dirigido

Estudo bíblico: Marcos 4.1-20

Jesus tem uma clara intenção para nossa vida: devemos produzir muitos frutos (João 15.8). O fruto que ele tem em mente é quantitativo (mais discípulos) e qualitativo (melhores discípulos). Pelo fato de o fruto ser matéria orgânica, a metáfora da agricultura é a melhor de todas para ajudar-nos a entender como isso ocorre. Nesta parábola, Jesus ensina que o solo bem preparado é a variável mais importante na produção dos frutos. Ele parece indicar que somos responsáveis pela preparação do terreno de nossa vida para que a semente da Palavra de Deus possa ter seu efeito natural.

1. Jesus descreve quatro tipos de terreno, que parecem ser as condições variadas do coração. Três desses terrenos resistem de maneiras diferentes à semente da Palavra de Deus. O primeiro não é *bom* (v. 4,15). Qual é a condição desse coração?

    Em que isso se assemelha à vida contemporânea?

2. O segundo terreno *não tem profundidade* (v. 5,6,16,17). O que significa uma vida sem raízes profundas?

    O que expõe a natureza das raízes sem profundidade?

    Você é capaz de citar um exemplo pessoal?

3. O terceiro terreno é *coberto por espinhos* (v. 7,18,19). Discuta as causas que Jesus menciona, capazes de sufocar o crescimento espiritual.

    a. "preocupações desta vida"

    b. "engano das riquezas"

    c. "anseios por outras coisas"

4. O quarto terreno é *bom* (v. 8,20). O que podemos fazer para preparar o terreno de nossa vida a fim de que a semente da Palavra de Deus possa ter um efeito pleno e reprodutivo?

Se a preparação do bom terreno melhora as qualidades do mau terreno, como você faria para melhorar as partes sem profundidade e espinhosas de sua vida?

Quais dessas áreas necessitam de mais atenção?

5. Que perguntas ou questões esta passagem provoca em você?

> "AS DISCIPLINAS ESPIRITUAIS SÃO UMA REALIDADE INTERIOR E ESPIRITUAL, E A ATITUDE ÍNTIMA DO CORAÇÃO É DE LONGE MAIS CRUCIAL QUE A MERA ATITUDE MECÂNICA PARA ADENTRAR A REALIDADE DA VIDA ESPIRITUAL".
>
> Richard Foster
> *Celebração da disciplina*[1]

---

[1] São Paulo: **Vida**, 2007.

Leitura complementar: Treinar *versus* tentar ter uma vida cristã

A maioria dos cristãos está *tentando* em vez de estar *treinando* para viver uma vida cristã, escreve John Ortberg. Qual é a diferença? "Tentar" é o que você faz quando trabalha superficialmente, quando "dá uma tacada no escuro". Costumamos dizer diante de um novo desafio: "Vou fazer uma tentativa". Em geral, a tentativa evidencia-se em nossa reação a um sermão. Quando o pregador nos exorta a ser mais pacientes, tomamos a resolução de controlar a ira diante de uma criança exasperada de 3 anos, ou de ser mais tolerantes com um colega de trabalho de personalidade irritante. A tentativa não nos leva a nada.

Há muitas áreas da vida nas quais não adianta apenas tentar. Ninguém acorda em um sábado de manhã, abre o jornal, toma conhecimento de que haverá uma maratona naquele dia e diz: "Como não tenho nada para fazer hoje, vou tentar correr essa maratona". São necessários meses de preparação para alguém se dispor a correr 42 quilômetros, seja qual for a velocidade escolhida. John Ortberg conclui: "Aprender a pensar, sentir e agir como Jesus exige no mínimo tanto empenho quanto para correr uma maratona ou tocar piano".[2]

---

[2] *A vida que você sempre quis (e que Deus sonhou para você)*. São Paulo: **Vida**, 2003.

Por um motivo ou outro, achamos que seguir Jesus deve ser relativamente fácil. Sabemos que em outras esferas da vida muita disciplina é necessária para alcançar algo que valha a pena, mas não dedicamos o mesmo empenho, ou mais empenho ainda, para nos tornarmos seguidores de Cristo, muito menos líderes cristãos.

Na vida cristã, precisamos ser semelhantes ao atleta que treina para competir. Prática, disciplina, repetição, rotina. No apogeu da carreira, Michael Jordan conseguia suas vitórias no final dos jogos. Por quê? Será que ele se esforçava mais no final de um jogo? Não. Ele conseguia fazer no jogo o que havia praticado até a exaustão nos treinamentos. Passava horas a fio longe do público aprimorando saltos e arremessos livres até o dia em que eles se tornaram automáticos.

METÁFORAS DA VIDA DISCIPLINADA

O apóstolo Paulo usa várias vezes a metáfora de um atleta para descrever o treinamento de um discípulo:

> Vocês não sabem que de todos os que correm no estádio, apenas um ganha o prêmio? Corram de tal modo que alcancem o prêmio. Todos os que competem nos jogos se submetem a um treinamento rigoroso,

para obter uma coroa que logo perece; mas nós o fazemos para ganhar uma coroa que dura para sempre (1Coríntios 9.24,25).

Observe que Paulo usa o argumento do *muito mais*. Nas competições humanas os atletas recebem medalhas que são fugazes e se perdem no tempo. Ninguém se lembra de quem ganhou uma medalha no ano passado, muito menos anos atrás. Nós, porém, corremos para receber uma coroa que dura para sempre; portanto, devemos treinar *muito mais* para refletir o exemplo de quem seguimos.

> "Transformação espiritual não é questão de empenho, mas de treinamento aliado à sabedoria."
>
> John Ortberg
> *A vida que você sempre quis*

Metáforas de uma vida disciplinada permeiam o Novo Testamento. Paulo compara nossa vida à de um *construtor* que precisa escolher materiais de qualidade para erguer uma edificação sobre o alicerce que é Jesus Cristo. Escolheremos madeira, feno ou palha que não resistirá ao fogo do julgamento, ou usaremos pedras preciosas (3.10-15)? Pouco antes de sua morte, Paulo exorta Timóteo, seu filho na fé, a aceitar o bastão do evangelho que lhe está sendo passado. Paulo insiste com Timóteo para que ele seja forte na graça do Senhor quando tiver de enfrentar oposição. Em seguida, Paulo apresenta uma série de metáforas de força que devem servir de inspiração para Timóteo ter uma vida de fé: 1) obedecer ao Senhor como um *soldado* sob a autoridade do oficial; 2) ser disciplinado como um *atleta* vencedor que compete de acordo com as regras estabelecidas; 3) seguir o exemplo do *lavrador* que trabalha arduamente para receber o fruto de seu labor (2Timóteo 2.3-6).

Em outras palavras, para ser um seguidor vitorioso de Jesus Cristo precisamos submeter-nos a um treinamento rigoroso. Há necessidade de mais esforço e disciplina para ser semelhante a Jesus Cristo que para receber diploma na faculdade, ser um neurocirurgião ou um músico de sucesso. Para ser bom em alguma coisa, é necessária "longa obediência na mesma direção".[3] Use esse conselho para ser um seguidor de Cristo.

O *treinamento* é responsável pelo desenvolvimento e prática de hábitos que agradam a Deus. Na carta aos Efésios, Paulo diz:

> Quanto à antiga maneira de viver, vocês foram ensinados a despir-se do velho homem

---

[3] Meus agradecimentos a Eugene Peterson por ter popularizado esta observação de Friedrich Nietzsche. Cf. Peterson. *A Long Obedience in the Same Direction*. Downers Grove, Ill.: InterVarsity Press, 2000 [*Uma longa obediência na mesma direção*. São Paulo: Cultura Cristã, 2005].

[dos velhos hábitos], que se corrompe por desejos enganosos [...] e a revestir-se do novo homem, criado para ser semelhante a Deus em justiça e em santidade provenientes da verdade (4.22,24).

A metáfora é a de despir-se das roupas velhas e sujas (os antigos hábitos) e vestir roupas novas que reflitam a vida resplandecente de Deus.

Paulo usa repetidas vezes o *princípio da substituição* para ensinar-nos a adquirir hábitos que agradem a Deus, e apresenta outras cinco ilustrações para compreendermos a ideia inicial: 1) abandonar a mentira e falar a verdade (v. 25); 2) apaziguar a ira e não dar lugar ao Diabo (v. 26,27); 3) não furtar mais e fazer algo de útil com as mãos (v. 28); 4) não dizer palavras torpes, mas apenas o que for útil para edificar os outros (v. 29); 5) livrar-se da amargura, indignação e ira e ser bondoso e compassivo (v. 31,32). A batalha de todos os dias é sempre igual: do que eu preciso despir-me continuamente e substituir por hábitos que agradem a Deus?

Damos a essa prática o nome de *disciplinas espirituais*. Disciplinas espirituais são hábitos ou práticas que nos preparam para a obra transformadora do Espírito Santo. No entanto, poderíamos pensar que somos capazes de provocar uma mudança espiritual dentro de nós pelo simples fato de adotarmos hábitos corretos ou disciplinas espirituais em nossa vida. Mais uma vez, John Ortberg ajuda-nos a compreender, por meio de metáforas contrastantes, a função das disciplinas espirituais. Pense na diferença, diz ele, entre pilotar um barco a motor e um veleiro. Somos capazes de conduzir o barco sozinhos, com a força de seu motor. Podemos também tentar conduzir nossa vida dessa mesma forma. Mas a vida cristã assemelha-se muito mais a um veleiro. O veleiro depende do vento, que sopra para onde quer. Podemos içar as velas e manejar o leme, mas não podemos controlar o vento. As disciplinas espirituais assemelham-se aos veleiros cujas velas são içadas para captar o vento do Espírito. Em outras palavras, as disciplinas espirituais não produzem sozinhas a transformação necessária para uma vida semelhante à de Cristo, mas nos colocam em posição de sermos encontrados por Deus. Só ele pode mudar nossa vida.

APLICANDO O VIM COM VIGOR

Dallas Willard usa o acrônimo VIM ao descrever um esquema seguro de transformação para o seguidor de Cristo.[4]

Captar a Visão. Antes de tudo, o discípulo deve ser uma pessoa de visão. A visão do líder cristão centraliza-se no exemplo de uma vida santa, semelhante à de Cristo, uma vida no Reino de Deus (v. cap. 1).

---

[4] *Renovation of the Heart.* Colorado Springs: NavPress, 2002, p. 85 [*A renovação do coração.* São Paulo: Mundo Cristão, 2007].

Willard sugere que há dois objetivos principais para termos uma vida semelhante à de Cristo. O primeiro objetivo leva-nos ao lugar onde

> amamos com ternura a obra que o "Pai celestial" completou em Jesus e regozijamo-nos nela, e temos absoluta certeza de que não há limites para a bondade que existe em suas intenções ou em seu poder para cumpri-la [...]. Quando a mente é preenchida por esse Deus grandioso e belo, a reação natural, tão logo os empecilhos interiores forem removidos, será a de fazer "tudo o que me foi ordenado fazer".[5]

Desenvolver a Intenção. A visão de santidade conduz naturalmente ao desenvolvimento da *intenção* ou do desejo de viver na realidade desse Reino. Intenção é a decisão de estar sempre em sintonia com a realidade da vida do Reino e ser obediente a ela, de ter o propósito de aceitar essa visão como nossa realidade. Como podemos fazer isso? A intenção deve ser acompanhada dos meios ou disciplinas que estruturam nossa vida espiritual.

O segundo objetivo, portanto, de "um currículo para ter uma vida semelhante à de

Cristo" é harmonizar nosso corpo com a obra do Espírito Santo. Paulo diz que devemos oferecer nosso corpo em "sacrifício vivo", que é o nosso "culto racional" (Romanos 12.1). Os atletas executam os mesmos exercícios infinitas vezes até que o corpo aprenda a reagir automaticamente. No atletismo, essa técnica é conhecida como "memória muscular". As disciplinas espirituais formam a memória muscular *espiritual*. O objetivo da reação automática incutida em nosso corpo ao longo do tempo é sentir, pensar e agir como Jesus. John Ortberg escreve:

> Seguir Jesus significa apenas aprender dele como dispor minha vida em torno de atividades que me capacitem a viver no fruto do Espírito. [...] As disciplinas espirituais estão para a vida como a ginástica está para os jogos esportivos.[6]

Apoderar-se dos Meios. Para atingir o objetivo de fazer de nosso corpo uma extensão dos impulsos do Espírito Santo, Willard diz que precisamos destruir "o poder das tendências de fazer o que é errado e mau que governam nossa vida pelo fato de estarmos habituados há muito tempo a um mundo separado de Deus".[7] Como podemos fazer

---

[5] *The Divine Conspiracy.* San Francisco: HarperSanFrancisco, 1998, p. 321 [*A conspiração divina.* São Paulo: Mundo Cristão, 2005].

[6] *A vida que você sempre quis (e que Deus sonhou para você).* São Paulo: **Vida**, 2003.

[7] *The Divine Conspiracy.* San Francisco: HarperSanFrancisco, 1998, p. 341 [*A conspiração divina.* São Paulo: Mundo Cristão, 2005].

isso? Precisamos esquecer os maus hábitos da memória muscular espiritual e ensinar a nós mesmos hábitos da memória muscular espiritual que agradem a Deus por meio das disciplinas da moderação e dedicação.

Abandonamos as "tendências de fazer o que é errado e mau" dentro de nós por meio das *disciplinas da moderação*: solidão e silêncio. A solidão implica longos períodos sem contato com outras pessoas, e é aprimorada pelo silêncio, que elimina ruídos e sons que permeiam nossa vida e nos desviam a atenção. Por que essas duas disciplinas são tão importantes? Quando estamos em um ambiente silencioso, as reações automáticas de nosso coração vêm à tona e entramos em contato com aquilo que, em geral, está oculto de nós. "O poder do hábito precisa ser destruído", diz Willard. Ruth Haley Barton, autora de *Invitation to Solitude and Silence* [Convite à solidão e ao silêncio], usa uma metáfora que aprendeu com sua mentora espiritual em um retiro cristão. Ruth chegou esbaforida ao local e teve muita dificuldade para adaptar-se àquele ambiente tranquilo. Parecia estar vivendo no meio de águas turvas em razão do ritmo acelerado do dia-a-dia. Somente quando se acalmou é que a sujeira se assentou no fundo da garrafa e a água de sua vida se tornou cristalina.[8] Somente quando a pessoa se acalma é que a sujeira começa a assentar-se no fundo da garrafa para que a água se torne cristalina.

As disciplinas da moderação preparam-nos para as *disciplinas da dedicação*. A solidão e o silêncio abrem as portas para o entendimento da Palavra de Deus por meio do estudo. Essas disciplinas assemelham-se a um arado cavando sulcos na terra endurecida de nosso coração. Devemos permitir que a semente da Palavra preencha nossa mente e espírito e comece a moldar nossas reações automáticas. "Assim que a solidão completa sua obra, o segredo para esse progresso é o estudo. Ele põe nossa mente em pleno contato com Deus e seu Reino (Visão). O resultado natural do estudo é a adoração."[9] Willard observa que estudar não é o mesmo que reunir informações. Ao contrário, é a interiorização do caráter de Deus para que ele influencie as reações dos pensamentos, sentimentos e ações de nosso corpo. O estudo da bondade de Deus, por exemplo, conduz naturalmente à *adoração*. A adoração é resultado do estudo. Em um momento de arroubo, o apóstolo Paulo compõe um hino de louvor no fim do capítulo 11 de Romanos depois de ter contemplado a grandeza do esquema da redenção de Deus.

---

[8] Downers Grove, Ill.: InterVarsity Press, 2004, p. 29.

[9] *The Divine Conspiracy*. San Francisco: HarperSanFrancisco, 1998, p. 361 [*A conspiração divina*. São Paulo: Mundo Cristão, 2005].

Ó profundidade da riqueza
da sabedoria
e do conhecimento de
Deus! (v. 33).

Se quisermos ter um
padrão de treinamento
exemplar, precisamos estru-
turar nossa vida em torno dos
meios que manterão a *visão*
do Deus bondoso e soberano
diante de nós e da *intenção* de
adaptar-nos a essa realidade.

> "EM SILÊNCIO NÓS NOS AFASTAMOS DOS PROBLEMAS DA VIDA NA COMPANHIA DAS OUTRAS PESSOAS E PERMITIMOS QUE O RUÍDO DE NOSSOS PENSAMENTOS, LUTAS E COMPULSÕES SE ACALME PARA PODERMOS OUVIR UMA VOZ MAIS VERDADEIRA E MAIS CONFIÁVEL."
>
> Ruth Haley Barton
> *Invitation to Solitude and Silence*

FORTALECENDO
A ALMA DE UM LÍDER

Eu (Greg) tive uma experiência que me levou a reordenar e rever minha liderança e
prioridades. Estávamos no verão de 1993,
e eu havia recebido autorização para um
repouso sabático, após cinco anos de trabalho como pastor sênior. Eu não sabia
exatamente qual seria a melhor forma de
usar o tempo. Um membro de minha igreja aconselhou-me a passar três dias em um
lugar tranquilo. Era isso o que eu deveria
fazer nesse período, mas, francamente, à
medida que a data se aproximava, o receio
passou a ser maior que a expectativa. *O que
eu faria nesse longo período de descanso não
planejado?*, pensei. *Será que eu me aborrece-
ria depois de uma hora tendo outras setenta
e uma diante de mim? Em última instância,*

*em termos sociais, como seria fazer as refeições
em silêncio?*

O hábito da meditação.
Apesar de tudo, aceitei
o conselho e dirigi-me a
uma pousada nas redon-
dezas. Pelo fato de ser uma
pessoa em constante atividade, comecei a indagar:
"Senhor, qual é a tua visão
para a igreja nos próximos
cinco anos?". A pergunta
parecia apropriada. Afi-
nal, eu ocupava um cargo
de liderança como pastor
sênior. Os líderes precisam planejar. A liderança, em seu sentido mais amplo, tem por
objetivo conduzir as pessoas a algum lugar.
Seria uma boa ideia conduzir as pessoas ao
lugar que Deus lhes destinara. Naquele silêncio sob as sombras das árvores e durante
longas caminhadas, Deus me interrompeu
inesperadamente. Ouvi o Senhor dizer com
voz carinhosa: "Greg, você fez a pergunta
errada. A pergunta não é: Qual é minha visão para você?, mas Qual é sua visão a meu
respeito?". Veja a diferença entre as duas!

A pergunta continua a fascinar-me até
hoje porque me fez olhar para minha vida
de uma forma que eu jamais imaginara.
Tive de perguntar a mim mesmo: *O que
minha vida transmite aos outros acerca do
Deus a quem sirvo e de quem sou representante?* Francamente, não gostei do que vi.

A mensagem que eu recebia dos outros era: você é enérgico e inacessível. Eu vivia em constante correria e estava influenciando outras pessoas a terem a mesma visão que eu tinha para a igreja. Inconscientemente, eu estava transformando as pessoas em simples ferramentas para realizar minhas aspirações.

Tão logo comecei a fazer o autoexame, uma enxurrada de perguntas começou a tomar conta de minha mente: *O que minha vida comunicava* (parafraseando Parker Palmer)? *Eu estava sentindo e transmitindo alegria em meu relacionamento com Cristo?* Tive de concluir que, se algumas pessoas fossem solicitadas a me descrever, poucas incluiriam a qualidade da alegria. Aquilo me atingiu em cheio. *De que adiantaria lutar se minha vida não transmitia o prazer que eu sentia em meu relacionamento com Cristo? Programações, planos, objetivos, orçamentos, construções com que finalidade?*

O hábito do repouso sabático. Voltei da pousada com a intenção de ter um ritmo diferente de vida e estruturá-la a fim de demonstrar a plenitude de Jesus Cristo. Para isso, eu teria de pôr imediatamente em prática duas disciplinas espirituais e fazer o possível para incluí-las em meu ritmo de vida. A primeira foi estabelecer um repouso sabático semanal. Eu violara essa prática por minha conta e risco, conforme fazem muitos líderes cristãos hoje em dia. O trabalho se intrometera rapidamente em meu dia de folga. Eu tinha dificuldade em desligar-me dos afazeres. O verdadeiro significado do repouso sabático é cessar todas as atividades e descansar. Assumi o compromisso de descansar um dia por semana.

Tomei a decisão de não permitir que minha identidade se confundisse com o papel de líder. Eu não vivo em função do trabalho, mesmo que *esse* seja um chamado. Antes e acima de tudo, sou filho amado do Pai, quero ter a alegria do Pai e viver para agradar a ele. Isso significa que, durante o repouso sabático, devo fazer coisas que edifiquem minha vida. Em geral, significa começar o dia com uma meditação desvinculada do estudo do sermão. Talvez escrever algumas linhas, pois isso traz um valor adicional à experiência. Resolvi andar de bicicleta. De capacete na cabeça, montado em minha *mountain bike* e comendo poeira ao longo da trilha, descobri as delícias que esse passeio proporciona.

No entanto, para pôr o repouso sabático em prática, fui forçado a dar um passo de fé muito importante. Para ter um repouso sabático ininterrupto, eu precisava mudar o dia de folga de sexta-feira para quinta-feira. O maior obstáculo para essa mudança era concluir o estudo do sermão. Confesso que tenho obsessão por essa tarefa. Não descanso enquanto não a termino. Sou como um cão fiel quando se trata de sermões. Mas, em razão da rotina da semana, se eu precisasse mudar o dia de folga para quinta-feira, teria de deixar de lado a preparação da mensagem na quinta e concluí-la na sexta. Conhecendo a minha personalidade, eu seria capaz de livrar-me dessa preocupação e ter as forças renovadas? Portanto, aceitar o descanso semanal seria um ato de confiança e obediência se eu quisesse ter uma vida saudável e as forças renovadas, de acordo com os padrões recomendados por Deus.

Descobri que Deus é fiel. Recebi a graça de deixar de lado aquilo que normalmente me preocupava durante a semana inteira. O Senhor fez-me um desafio pessoal quanto à questão de confiança e obediência: "Greg, você é capaz de confiar em mim a ponto de ser fiel aos ensinamentos de minha Palavra e de viver de forma consistente com as instruções contidas em minha Palavra?".

Os hábitos do silêncio e da solidão. Também voltei do repouso sabático de verão comprometido a reservar de 36 a 48 horas por trimestre para meditar longe dos afazeres diários. Minha primeira experiência tinha sido tão revolucionária que precisava ser incluída em meu ritmo de vida a longo prazo. Ela passou a fazer parte de minha agenda, planejada para aquelas semanas em que eu não pregaria no domingo seguinte. Volto a dizer que não foi uma tarefa fácil. Parecia que as segundas e terças-feiras eram os melhores dias para isso, mas estavam reservadas às reuniões semanais com meu pessoal e à preparação da equipe de adoração para o domingo seguinte. Havia

sempre alguma coisa intrometendo-se nesse espaço sagrado. No entanto, foi graças a esse dia de folga antecipado em minha agenda que consegui reservar aquelas horas. Passei a considerá-las como tempo de "solidão sem pressa". "Sem pressa", uma expressão que vai diretamente de encontro à nossa cultura! Assim que a prática se tornou rotineira, aprendi a acalmar-me mais rápido e a aceitar os momentos de tranquilidade.

Os hábitos da meditação e do diário. Eu costumava acumular assuntos complexos para apresentá-los ao Senhor em momentos de oração e anotava-os em meu diário. Os assuntos aparentemente tão complicados tornavam-se muito mais simples nos momentos de meditação. Comecei a dar mais atenção às pessoas com quem eu cruzava rapidamente no dia-a-dia. Em minhas caminhadas, eu levava um hinário para entoar hinos ao Senhor. Encontrei tempo para ler textos mais longos da Bíblia, em vez de batalhar por algum momento de tranquilidade para ler um parágrafo ou dois. Eu retornava com as forças renovadas e uma visão muito mais clara de minha missão. Nos dias que se seguiram, senti uma agradável onda de calor e vida desprendendo-se de meu ser. Eu parecia uma rocha que havia absorvido o calor do Sol, e, quando a noite chegava, eu irradiava aquilo que acumulara durante o dia.

ESCLARECENDO ALGUNS PONTOS

A pergunta que continua a desafiar qualquer líder cristão é: O que sua vida transmite acerca da alegria que você sente em Jesus Cristo? Você está sentindo alegria em seu relacionamento com ele? Está vivendo de uma maneira que lhe permite separar tempo para continuar a amá-lo? No livro de Apocalipse, Jesus envia esta mensagem à igreja em Éfeso: "Contra você, porém, tenho isto: você abandonou o seu primeiro amor" (2.4). Essas palavras se aplicam a você? Talvez você tenha captado a *visão* do caráter de Cristo. Talvez tenha a *intenção* de ser um líder como ele. Mas que *meios* usa para guardar e cultivar esse relacionamento tão importante do qual flui a liderança cristã? De que adianta tudo isso se as pessoas não notam nenhuma alegria em nosso relacionamento com Cristo? E de que adianta tudo isso se não estamos desfrutando esse relacionamento?

Exercício prático: Desenvolvendo um ritmo de vida

Uma vida de práticas e disciplinas espirituais pode ajudar-nos a oferecer nosso serviço a Deus para a obra que só o Espírito Santo é capaz de realizar. Mas, por si sós, as disciplinas espirituais não garantem um encontro com Deus. Elas simplesmente nos colocam em posição de aceitar tudo o que o Senhor nos disser.

O exercício a seguir ajudará você a elaborar um plano que o preparará para uma vida de discipulado.[10]

Para elaborar o plano, responda cuidadosamente a estas perguntas.

1. *Desejo*. Jesus perguntou ao paralítico junto ao tanque de Betesda: "Você quer ser curado?" (João 5.6). E a Bartimeu, o mendigo cego, ele perguntou: "O que você quer que eu lhe faça?" (Marcos 10.51).

a) Verbalize o que você anseia de Deus em uma palavra ou expressões, sentenças, imagens, metáforas que expliquem seu desejo por transformação espiritual.

b) Preste atenção às experiências e práticas que o fazem sentir-se mais perto de Deus. Algumas parecem deixar você mais disponível para Deus? Quais?

2. *Incapacidade*. "Meus filhos, novamente estou sofrendo dores de parto por sua causa, até que Cristo seja formado em vocês" (Gálatas 4.19).

a) Que áreas em sua vida necessitam ser transformadas, mas você se sente incapaz de dar um passo nessa direção?

---

[10] Eu (Greg) sou imensamente grato a Ruth Haley Barton e Adele Ahlberg Calhoun pela contribuição de ambas a este exercício.

3. *Planejamento.* "[...] ponham em ação a salvação de vocês com temor e tremor, pois é Deus quem efetua em vocês tanto o querer quanto o realizar, de acordo com a boa vontade dele" (Filipenses 2.12,13).

a) Que práticas ou disciplinas você gostaria de incorporar à sua vida?

Diariamente. De quanto tempo você dispõe? Quando? Onde você conversará com Deus?

Repouso sabático semanal. Você se acha em condição de afastar-se do trabalho e fazer apenas coisas capazes de renovar suas forças? Por que sim ou por que não? O que seria necessário para fazer isso? Imagine como você poderia preencher esse dia de "restauração da alma".

Mensal ou trimestralmente. Que práticas lhe permitiriam viver como um discípulo fiel de Cristo? Em geral, essas práticas consistem em períodos mais longos de solidão e silêncio ou em disciplinas de dedicação e serviço.

Anualmente. Que práticas abririam seu coração para Deus e que poderiam ser efetuadas uma vez por ano?

_____ conferência

_____ viagem missionária de curto prazo

_____ tempo de silêncio e solidão

_____ projeto de serviço local

_____ convenção

_____ outra _____

b) Que outras ações serão necessárias para implementar esse ritmo anual?

Diariamente

Semanalmente

Mensal/trimestralmente

Anualmente

c) De quem você necessita para ajudá-lo a elaborar um "ritmo de vida" e com quem você compartilharia seu plano?

___ *Amigo(a) espiritual*: um(a) parceiro(a) que o conheça bem e vice-versa

___ *Mentor(a) espiritual*: um(a) orientador(a) experiente que saiba ouvir e que possa comentar a respeito do que Deus está fazendo em sua vida

___ *Mentor(a)*: alguém que você tenha em alta consideração, sirva de exemplo para sua vida e tenha muito a lhe ensinar

3

HUMILDADE

Indicações preliminares

Texto para memorizar: Mateus 7.1-5
Estudo bíblico: Filipenses 2.1-11
Leitura complementar: É necessário que ele seja o maior e que eu seja o menor
Exercício prático: Mantenha seu coração em constante vigilância

 Verdade fundamental

Qual é a principal ambição dos líderes cristãos?

Os discípulos líderes são ambiciosos para defender o nome e a reputação de Cristo e de seu Reino. Sabendo que essa ambição pode derivar para o autoelogio e o orgulho, é necessário ter uma atitude de prudência. A motivação verdadeira é tão importante que os líderes cristãos se colocam em situação de reciprocidade na qual quase sempre são indagados a respeito da condição de sua alma.

1. Identifique as principais palavras ou expressões da questão e resposta acima e explique o significado de cada uma delas.

2. Repita a verdade fundamental com suas palavras.

3. Que perguntas ou questões a verdade fundamental provoca em você?

Guia de estudo do texto para memorizar

Copie o texto inteiro aqui?

_____
_____
_____
_____
_____
_____
_____
_____
_____
_____
_____
_____
_____
_____
_____
_____
_____
_____
_____
_____

Texto para memorizar: Mateus 7.1-5

O inverso de humildade é orgulho. Uma das evidências do orgulho é nossa tendência de julgar os outros de forma mais rígida que julgamos a nós mesmos. Encontramos falhas nos outros para nos justificar. No texto para memorizar, Jesus nos exorta a fazer uma autoanálise antes de corrigir os outros.

1. No versículo 1, Jesus ordena: "Não julguem". Em que sentido Jesus usa o verbo *julgar*?

2. Existe uma condição para avaliar e corrigir a conduta de alguém? Se existir, de que forma ela difere de julgar?

3. Que motivo Jesus apresenta para não julgarmos os outros?

4. Como os versículos 3-5 respaldam os motivos para não julgar apresentados nos versículos 1 e 2?

5. Jesus parece estar dizendo: "Faz parte da lei da vida subestimar o tamanho de nossos erros e superestimar o tamanho dos erros dos outros. Todos nós temos a tendência de julgar em nosso favor". Em sua opinião, isso é verdadeiro? Por que sim ou por que não?

6. Onde você vê essa tendência em si mesmo?

7. Existem situações nas quais você é severo demais com os outros? Por quê?

8. Em que situação podemos apontar uma falha na vida de outra pessoa?

Guia de estudo bíblico dirigido

Estudo bíblico: Filipenses 2.1-11

Esse é um texto clássico do Novo Testamento sobre prática e exemplo de humildade. Poderíamos chamá-lo de "A descendência de um líder". Paulo diz aos filipenses que eles devem ter uma união baseada em humildade. A seguir, ele lança mão do maior trunfo motivacional, descrevendo o exemplo de Jesus Cristo, que abriu mão de sua glória para ser semelhante a nós. Existe um motivador maior que o exemplo de Jesus Cristo?

1. Nos versículos 1 e 2, Paulo faz um apelo em favor da união. Em que ele baseia esse apelo?

2. No versículo 3, Paulo define a humildade, dizendo o que não devemos fazer para ser humildes. Explique com suas palavras as expressões a seguir e cite um exemplo:

"ambição egoísta":

"vaidade":

3. Nos versículos 3 e 4, Paulo apresenta a definição de humildade em duas partes. O que isso representa para sua vida?

"Considerem os outros superiores a si mesmos." Em que sentido Paulo usa a palavra *superiores*?

"Cada um cuide, não somente dos seus interesses, mas também dos interesses dos outros." O que devemos fazer para estar mais atentos aos interesses dos outros?

4. De acordo com os versículos 6 e 7, do que Jesus Cristo abriu mão e em que se tornou?

5. Em sua opinião, o que foi necessário para que Jesus se humilhasse até o ponto de morrer na cruz (v. 8)? Medite sobre essa realidade.

6. Resuma o que Paulo deseja que entendamos acerca da natureza de uma vida de humildade.

7. Que recompensa Jesus recebeu por ter sido humilde?

   Há alguma analogia em relação a nós?

8. Que perguntas ou questões esta passagem provoca em você?

> "Quando a humildade liberta o homem do vínculo com suas palavras e reputação, ele descobre que a alegria verdadeira só é possível depois de termos esquecido completamente de nós mesmos. E só quando deixarmos de prestar atenção à nossa vida, nossa reputação e nossa superioridade é que estaremos completamente livres para servir a Deus sem reservas."
>
> Thomas Merton, citado em *Through the Wilderness of Loneliness*, de Tim Hansel

Leitura complementar: É necessário que ele seja o maior e que eu seja o menor

"É necessário que ele cresça e que eu diminua" (João 3.30). As palavras de João Batista resumem a atitude dos discípulos líderes.

O relacionamento de João com Jesus e sua missão no Reino como arauto e precursor de Jesus mostram-nos o verdadeiro significado da humildade e como evitar as armadilhas do orgulho.

A humildade de João é extraordinária quando pensamos na dinâmica humana. Será que alguém já abriu mão, espontaneamente, da bajulação do povo? Foi exatamente o que João fez. O evangelho de Marcos diz: "A ele vinha toda a região da Judeia e todo o povo de Jerusalém" (1.5). O silêncio de Deus em Israel foi quebrado pela voz de João. Fazia quatrocentos anos que Deus falara pela última vez por intermédio de um profeta, Malaquias. Agora Deus estava falando de novo por meio daquela estranha figura. A fome pela palavra de Deus terminara. O povo afluía em massa para ouvir a mensagem de João sobre arrependimento e preparação. E esta costuma ser a reação natural do ser humano: quando o coro de elogios começa a ecoar, o sucesso sobe à cabeça. A popularidade precede o poder. Passamos a considerar-nos maiores que realmente somos. Se existe algum aforismo inviolável, este ditado de lorde Acton enquadra-se nessa categoria: "O poder tem a tendência de corromper, e o poder absoluto corrompe absolutamente".

João Batista, no entanto, sai de cena no exato momento em que Jesus, o ator principal, ocupa o lugar no centro do palco. Como isso foi possível e que lições aprendemos desse episódio?

Primeira lição

O perfeito entendimento de João acerca de seu chamado definiu sua identidade (João 1.19-28; 3.27-29). A verdade estava enraizada nele. A mensagem poderosa de João, transmitida com autoridade, levantou dúvidas sobre quem ele era. Os líderes religiosos perguntaram: "E então, quem é você? É Elias? [...] É o Profeta [isto é, o Messias]? [...] Quem é você? Dê-nos uma resposta, para que a levemos àqueles que nos enviaram. Que diz você acerca de si próprio?" (v. 21,22). João dissera deste o início:

> "Não sou o Cristo [...], mas entre vocês está alguém que vocês não conhecem. Ele é aquele que vem depois de mim, e não sou digno de desamarrar as correias das suas sandálias" (v. 20,26,27).

55

Aparentemente, até os seguidores de João imaginaram que ele se rebelaria ao ver sua estrela perder o brilho quando a estrela de Jesus começou a aparecer. Um dos discípulos de João levantou a questão: "Mestre, aquele homem que estava contigo no outro lado do Jordão, do qual testemunhaste, está batizando, e *todos estão se dirigindo a ele*" (3.26; grifos do autor).

João estava absolutamente seguro de si porque sabia qual era sua missão.

> A isso João respondeu: "Uma pessoa só pode receber o que lhe é dado dos céus. Vocês mesmos são testemunhas de que eu disse: Eu não sou o Cristo, mas sou aquele que foi enviado adiante dele. A noiva pertence ao noivo. O amigo que presta serviço ao noivo e que o atende e o ouve, enche-se de alegria quando ouve a voz do noivo. Esta é a minha alegria, que agora se completa. É necessário que ele cresça e que eu diminua" (v. 27-30).

João diz que sua missão é ser o amigo do noivo, e o povo que segue Jesus é a noiva. Ele veio apenas preparar o caminho. O trabalho havia terminado.

João fez o que devia fazer: nem mais, nem menos. Quando terminou sua missão, encheu-se de alegria.

O problema dos líderes relaciona-se às raízes. Eu pergunto: Sabemos quem somos e o que nos motiva no trabalho em prol do Reino? Em seu clássico guia devocional, *Ponha ordem no seu mundo interior*, Gordon MacDonald destaca com muita propriedade os perigos sutis de perder o rumo. Ele estabelece um contraste entre as pessoas *chamadas* e o perigo de se tornarem pessoas *impelidas*. As pessoas chamadas vivem de dentro para fora, como se fossem uma casca de noz, ao passo que as impelidas vivem de fora para dentro. As primeiras põem ordem em seu mundo interior e, por conseguinte, organizam seu mundo exterior de dentro para fora. As impelidas concentram-se no mundo exterior, porque os padrões de sucesso deste mundo exercem influência em sua motivação.

Como é possível saber se fomos chamados ou impelidos? MacDonald apresenta os sintomas de uma pessoa *impelida*. O sintoma mais abrangente é este: ela se sente estressada e ansiosa porque existem muitas coisas agradáveis a serem feitas.

Examine sua vida e veja se encontra alguns destes sinais característicos de pessoas impelidas:

- *Satisfação pela quantidade de sucessos obtidos*. O acúmulo de obras bem-sucedidas é o prêmio pelo qual as pessoas impelidas lutam. Elas aprenderam que serão recompensadas pelo que realizaram e passam a adorar o sentimento de autoafirmação que o sucesso produz.

- *Atração pelos símbolos do sucesso.* Quais os símbolos mais importantes em seu campo de batalha? O tamanho do escritório? Da janela do escritório? A posição no organograma da empresa? Bonificações especiais? Salário? O tamanho da casa, a decoração e a localização? A casa de veraneio? O modelo do carro? Oportunidades de férias? Charles Colson conta a história de sua ascensão à Casa Branca durante o governo de Nixon, no final da década de 1960. Quando foi nomeado para trabalhar na equipe do presidente alguns meses após a posse de Nixon, Colson passou a ocupar uma sala no fundo do corredor do Salão Oval. Pouco tempo depois, começou o troca-troca de salas, e, quando menos esperava, ele passou a trabalhar ao lado da sala do presidente. O fato chamou a atenção da imprensa. Agora ele era um homem importante porque trabalhava ao lado do poder. A atenção que conseguiu chamar para si o corrompeu.
- *Busca incontrolável por novas realizações.* Seja qual for a busca, ela precisa ser maior e melhor, sempre correndo atrás da próxima oportunidade. Gordon MacDonald cita uma frase de Charles Spurgeon, pregador inglês do século 19: "O sucesso pode subir-me à cabeça, e subirá, se eu esquecer que é Deus quem realiza a obra, que ele pode continuar a realizá-la sem minha ajuda, e que, se ele quiser, encontrará outros meios de completá-la sem mim".[1] A necessidade de novas realizações é sintoma de insatisfação interior. Nada é suficiente. A pressão exercida sobre a pessoa evidencia-se em sua insatisfação com ela própria e com os colegas e subordinados, que são instrumentos de um desejo de querer sempre mais.
- *Pouco respeito pela integridade.* Quando as ambições mundanas sobrepujam nossos princípios morais, a integridade torna-se vulnerável. Os valores que tanto prezamos são rapidamente expostos ao perigo. A corrupção instala-se, e somos suas primeiras vítimas. Essa verdade é retratada diariamente quando tomamos conhecimento da prisão vergonhosa de executivos de grandes empresas e líderes políticos que confessaram ter violado os valores que um dia prezaram. A bússola moral perdeu o ponteiro indicador de direção.
- *Limitar ou não desenvolver a capacidade dos outros.* As pessoas impelidas

---

[1] Gordon MacDonald. *Ordering Your Private World.* Nashville: Thomas Nelson, 1985, p. 33 [*Ponha ordem no seu mundo interior.* Belo Horizonte: Betânia, 1988].

concentram-se em metas, objetivos e tarefas, e quase sempre consideram os outros simples ferramentas ou recursos necessários para chegar aonde desejam. As pessoas de visão correm esse risco. Aquilo que começou como uma visão concedida por Deus transforma-se em uma busca pelo sucesso a qualquer custo! Em geral, o resultado é um grande número de funcionários usados e descartados. Um de meus *sites* de humor negro favoritos é o despair.com. Há um *slide* das pirâmides do Egito com o título de "Achievement" [Conquista]. Logo abaixo se lê: "Você poderá fazer tudo o que lhe vier à mente se tiver visão, determinação e uma dose infinita de esforço para gastar". Como é triste saber que muitas organizações cristãs são dirigidas por homens e mulheres que passam por cima de outras pessoas ao longo do caminho porque "elas não têm mais serventia".

- *Ira vulcânica. A ira é apenas uma extensão do que foi dito antes.* Se as pessoas, usadas como ferramentas, não estiverem cumprindo seu papel a contento, livre-se delas e adquira outras ferramentas. Quem atrapalha os objetivos do líder provoca a ira dele porque está impedindo o progresso.
- *Agenda sobrecarregada.* Por mais que alguns líderes reclamem de suas agen-

das lotadas e procurem despertar a piedade dos outros, eles não param de trabalhar, mesmo quando alguém oferece ajuda. Para esses líderes, quanto mais trabalho tiverem, mais importantes serão, portanto uma agenda sobrecarregada é um distintivo de honra.

Em contraste com as pessoas impelidas, João Batista demonstrou uma capacidade extraordinária de viver dentro dos limites de sua missão predestinada. Ele realizou apenas a missão para a qual Deus o chamou. Em vez de buscar novas realizações de maneira incontrolável, permaneceu fiel à missão de precursor e não se deixou levar pela ideia de que era o Messias. Manteve sua integridade intacta porque se concentrou naquele que viria depois dele e que era maior que ele. E, apesar de ter-se irado algumas vezes, irou-se por causa do pecado que separava o povo do Deus santo.

Uma palavra sobre ambição. Tanto as pessoas *chamadas* como as *impelidas* demonstram ambição. Ambição é uma qualidade concedida por Deus. Ambição é o desejo de ter sucesso ou de lutar para fazer o melhor e causar impacto. As pessoas impelidas ambicionam ser aplaudidas pelo mundo. As pessoas chamadas ambicionam proclamar a glória de Deus. Vivem para receber o aplauso de um só, o Senhor. John R. Mott, provavelmente o maior evangelista e estadista cristão do século 19, teve a vida completamente transformada em razão destas três breves frases: "Jovem, estás buscando coisas grandiosas para ti? Não as busques. Busca o Reino de Deus em primeiro lugar".

SEGUNDA LIÇÃO

João Batista não permitiu que seu ego competisse com Jesus. A missão de João foi a de preparar o caminho para Jesus. Sua popularidade temporária não lhe deu a falsa ideia de sentir-se importante. Quando Jesus entrou em cena, o conceito de João acerca de si mesmo não atrapalhou em nada.

O capítulo 1 do evangelho de João descreve uma cena memorável. Um dia depois de ter explicado aos líderes religiosos que ele não era o Cristo e que aguardava a chegada de alguém do qual não era digno de desamarrar as correias de suas sandálias, João vê Jesus aproximar-se. João reconhece Jesus imediatamente ao ver o Espírito Santo descer do céu em forma de pomba e pousar sobre ele. Diante disso, João exclama:

"Vejam! É o Cordeiro de Deus, que tira o pecado do mundo! Este é aquele a quem eu me referi, quando disse: Vem depois de mim um homem que é superior a mim, porque já existia antes de mim" (v. 29,30).

No dia seguinte, quando estava na companhia de dois de seus discípulos, João exclama mais uma vez: "Vejam! É o Cordeiro de Deus!" (v. 35). Imediatamente os dois discípulos deixam João e acompanham Jesus.

Há outro fato extraordinário na vida de João: ele preparou seus discípulos para seguirem outra pessoa e deu-lhes permissão para isso. Quando seus antigos seguidores começaram a afastar-se dele para acompanhar Jesus, João entendeu que sua vida estava terminando. Mas ele não tentou competir com Jesus. Essa é a marca da verdadeira humildade.

O oposto da humildade é o orgulho e a soberba. Esses impulsos nos causam problemas porque, sem perceber, queremos ser o foco das atenções. A humildade e a soberba são opostos diretos. C. S. Lewis diz que o orgulho é um "estado mental completamente contrário a Deus".[2]

Podemos dizer que o orgulho se instala furtivamente quando somos criticados, preteridos ou quando nossos esforços não são reconhecidos. Nessas situações temos o desejo de perguntar: "Você sabe quem eu sou?". O orgulho, em sua essência, não gosta do silêncio; ele busca reconhecimento. Quando eu (Greg) estava assistindo a uma palestra na igreja, achei-me no direito de imaginar que as pessoas reconheceriam

---

[2] *Mere Christianity*. New York. Macmillan, 1952, p. 109 [*Cristianismo puro e simples*. São Paulo: Martins Fontes, 2005].

meu nome. Afinal, sou autor de livros e conhecido em determinados círculos. Ah, como é triste saber que nosso valor como pessoas está enraizado na necessidade de ouvir dos outros que somos importantes! Tive de perguntar a mim mesmo: *Eu seria capaz de viver no anonimato e sentir-me bem com isso por saber que tenho valor porque sou filho amado do Pai?* Somente quando sentimos firmeza no amor de Cristo por nós, sem necessidade de receber aplausos da multidão, é que estamos livres para sermos os líderes que Deus planejou que fôssemos.

> "Estamos sempre subestimando o tamanho de nossos erros e superestimando o tamanho dos erros dos outros. Faz parte da lei da vida. Todos nós temos um valor crítico de julgar em nosso favor."
>
> Frederick Dale Brunner
> *Matthew: A Commentary, The Christbook, Matthew 1–12*

Há uma tendência lamentável no comportamento dos líderes cristãos da atualidade. Muitos líderes têm uma sensação de grandeza a respeito de si mesmos, demonstrada por meio do narcisismo. Sensação de *grandeza* significa ter um conceito inflado de considerar-se importante. O *narcisista* é apaixonado pelo reflexo de sua imagem. Trata-se de uma forma deturpada de amor-próprio. Os narcisistas não permitem que ninguém divida os refletores com eles, porque seu ego não tolera concorrentes.

Levantei essa questão porque a comunidade cristã parece refletir o desejo do mundo de ter líderes desse tipo, uma vez que podemos beneficiar-nos de sua personalidade carismática. Preferimos tomar de empréstimo energia de outras pessoas e ser conduzidas por elas a receber a energia do Espírito Santo. A igreja é particularmente vulnerável aos líderes narcisistas porque temos a tendência de ser espectadores passivos. O cristão comum sente-se perfeitamente feliz ao ver uma pessoa interessada apenas em si mesma.

C. S. Lewis tinha consciência dessa tendência nele próprio. Certa vez Walter Hooper perguntou a Lewis se ele sabia, mesmo inconscientemente, que estava "sendo adorado" em decorrência da popularidade de seus livros. Lewis respondeu: "Não se pode ser tão cauteloso a ponto de *não* pensar nisso".[3]

João Batista sabia para quem ele estava vivendo e solidificou essa questão. Também sabia qual era sua missão e que ela viera do Pai. A identidade de João não tinha raízes no aplauso popular, por isso ele não precisou competir com Jesus para ser o ator principal.

Terceira lição

João Batista não se preocupou com nada mais, a não ser com sua alma. Apesar de

---

[3] *O peso de glória*, **Vida**, 2008.

ter recebido a missão especial de ser precursor do Messias, ele era um pecador como qualquer outra pessoa. Necessitava do batismo do arrependimento tanto quanto a "raça de víboras" que queria fugir da ira que se aproximava. Quando Jesus se apresentou para ser batizado, João reagiu com estas palavras: "Eu preciso ser batizado por ti, e tu vens a mim?". (Mateus 3.14). Na presença daquele que não tinha pecado, João sabia que os papéis deviam ser invertidos.

Os líderes humildes sabem que têm pés de barro, portanto precisam estar sempre vigilantes a respeito da tendência de sua alma. O *impulso* sutil e insidioso que busca recompensas externas e o *orgulho* que se expressa na competição conflitam diretamente com a humildade que nos torna úteis como líderes no Reino de Deus.

Jonathan Edwards talvez tenha tido a mente teológica mais brilhante *e* o coração mais apaixonado que os Estados Unidos já viram. Edwards era pastor na época conhecida como o Primeiro Grande Despertamento (1720-1740) e participou desse grande movimento. Mesmo quando os avivamentos estavam no auge, Edwards advertiu que o

> "Arrogância é a reação do orgulho ao sucesso. Autopiedade é a reação do orgulho ao sofrimento. A arrogância diz: 'Eu mereço admiração por tantas vitórias alcançadas'. A autopiedade diz: 'Eu mereço admiração por ter-me sacrificado tanto'. Arrogância é a voz do orgulho no coração dos fortes. Autopiedade é a voz do orgulho no coração dos que se sacrificam."
>
> John Piper
> *Desiring God*

orgulho espiritual era o maior inimigo da renovação da obra do Senhor. Ele nos ensina a evitar o orgulho e apresenta conceitos maravilhosos acerca da humildade espiritual.

A pessoa espiritualmente orgulhosa preocupa-se com a saúde espiritual dos outros. As pessoas desse tipo imaginam ter um alto grau de espiritualidade cristã, por isso são rápidas para encontrar erros e acham que os outros não têm o mesmo zelo que elas. Em contrapartida, a pessoa humilde reconhece que ainda tem um longo caminho a percorrer e que não está capacitada para "preocupar-se com o coração dos outros".[4]

Os conceitos de Edwards sobre humildade espiritual servem de base para nossa conduta. O autor de Provérbios adverte-nos: "Acima de tudo, guarde o seu coração, pois dele depende toda a sua vida" (4.23). Em outras palavras, a água salobra pode

---

[4] "Thoughts on the Revival in New England". In: *The Great Awakening*, C. C. Goen (Ed.). New Haven, Conn.: Yale University Press, 1972, p. 418.

fluir facilmente como se fosse água límpida e refrescante. Devemos cuidar da pureza de nosso coração. Que as palavras de advertência do profeta Jeremias estejam sempre diante de nós: "O coração é mais enganoso que qualquer outra coisa e sua doença é incurável. Quem é capaz de compreendê-lo?" (17.9). Em outras palavras, nós, seres humanos, temos uma capacidade quase infinita de enganar a nós mesmos. Como, então, podemos vigiar nosso coração para nos manter concentrados na humildade cristã? Será que nosso autoexame é suficiente? A tradição evangélica, reforçada pelo individualismo radical da cultura ocidental, tem procurado promover a vida devocional ou momentos de reflexão, como se isso bastasse. A ideia é passar alguns instantes a sós com Deus, ter uma Bíblia na mão, talvez um guia devocional e um periódico para meditação. Não estou dizendo que isso não seja importante; apenas não é suficiente. Essa forma de fé conhecida como "eu e Jesus" pode contribuir para uma autoimagem distorcida.

Precisamos da ajuda de outras pessoas para vigiar nossa alma. Felizmente, estamos redescobrindo que a "cura da alma" requer cirurgiões espirituais altamente capacitados.

Quando buscamos a ajuda de outras pessoas para manter puro o coração, é sinal de que entendemos o significado de chegar ao topo da humildade.

Exercício prático: Mantenha seu coração em constante vigilância

O orgulho é um pecado oculto. Ele trabalha sob o véu da falta de autoconhecimento. C. S. Lewis apresenta esta explicação em *Cristianismo puro e simples*:

> Não existe nenhum outro defeito em nós que desconhecemos tanto. [...] Se uma pessoa quiser ser humilde, imagino que serei capaz de dizer-lhe qual é o primeiro passo. O passo é conscientizar-se de que o ser humano é orgulhoso. E esse passo também é relativamente grande.

Neste exercício prático, analisaremos onde o orgulho se instala em nós, para aprendermos a vigiar nosso coração.

Sintomas de uma personalidade impelida

Revise os sinais de uma pessoa impelida na leitura "É necessário que ele seja o maior e que eu seja o menor". Que sinais são evidentes em você? Para cada um que você assinalar, apresente um exemplo específico extraído de sua vida que possa respaldá-lo.

_____ As pessoas impelidas sentem-se gratificadas pelos resultados alcançados.

_____ As pessoas impelidas sentem-se gratificadas pelos símbolos do sucesso.

_____ As pessoas impelidas caem na armadilha da busca incontrolada por novas realizações.

_____ As pessoas impelidas tendem a ter pouco respeito pela integridade.

_____ As pessoas impelidas limitam ou não desenvolvem a capacidade dos outros.

_____ As pessoas impelidas têm em geral uma ira vulcânica.

_____ As pessoas impelidas têm agendas excessivamente lotadas.

Depois de rever esses sinais, a que conclusões você chegou a seu respeito?

Como você poderia tentar viver de dentro para fora em vez de fora para dentro?

A COMPETITIVIDADE DO ORGULHO

A humildade e o orgulho geralmente se instalam onde encontramos nossa identidade e, por conseguinte, onde estão nosso valor e importância. A competitividade ou as comparações com outras pessoas podem ser um sinal de que nosso verdadeiro valor ainda não foi totalmente encontrado na afirmação de Cristo a nosso respeito.

O autor apresentou uma experiência de vida quando desejou ser reconhecido durante uma palestra recente. Em que situação você também teria necessidade de ser reconhecido para sentir-se valorizado?

BUSCANDO AJUDA PARA MANTER SUA ALMA EM CONSTANTE VIGILÂNCIA

Não basta vigiarmos sozinhos nossa alma. Precisamos de outras pessoas. Precisamos que alguém nos faça perguntas difíceis. Precisamos de alguém a quem possamos confessar nossos pecados e ouvir a declaração de perdão em Cristo. Qual o próximo passo que você precisa dar para ter um relacionamento com alguém que possa ajudá-lo a "manter sua alma em constante vigilância"?

A lista a seguir identifica os relacionamentos que podem ajudar-nos a vigiar nossa alma. Quais são os mais apropriados para você?

- *Mentor*. Mentor é uma pessoa disposta a servir, encorajar e ser generosa. Deve ser alguém com quem você possa aprender. Essa pessoa deve fazer perguntas criteriosas a seu respeito e transmitir sabedoria e experiência de vida. Esse relacionamento frente a frente é iniciado pela pessoa que deseja ter um mentor. Algum nome lhe vem à mente?

- *Amigo espiritual ou parceiro confiável*. O amigo espiritual ou parceiro confiável é uma pessoa com quem você pode trocar ideias sobre lutas, fracassos e tentações. Procure um amigo cristão que esteja disposto a fazer perguntas difíceis, disposto a rebater suas ideias, a incentivá-lo e a orar com você. Nesse relacionamento, é importante você expor sua alma, confessar seus pecados e receber uma palavra de perdão. Existe alguém disposto a fazer isso com você?

- *Guia ou mentor espiritual.* O guia ou mentor espiritual é, em geral, alguém com treinamento específico em orientação espiritual. Os mentores espirituais podem ser encontrados em retiros, no conselho da igreja e entre os líderes leigos que receberam treinamento. O mentor espiritual tem uma presença atuante, ajudando a pessoa a ver como Deus está trabalhando nos desejos de seu coração para que ela possa alcançá-los.
- *Grupo de pessoas no qual exista um pacto.* Esse grupo é, em geral, composto de três a cinco pessoas, quase sempre do mesmo sexo, que agem como um conjunto de amigos espirituais. A programação pode incluir troca de ideias sobre jornadas espirituais, registro de tentações e armadilhas, e intercessão ao Espírito Santo em oração para que ele prepare nosso coração. A frequência das reuniões varia de acordo com a disponibilidade e proximidade dos participantes.
- *Outro.* _____

Que opções lhe parecem mais apropriadas? Que atitude você tomará?

Para um estudo mais aprofundado

MacDonald, Gordon. *Ponha ordem no seu mundo interior.* Belo Horizonte: Betânia, 1988.

Lewis, C. S. "Orgulho". *Cristianismo puro e simples.* São Paulo: Martins Fontes, 2005.

Parte dois

A POSTURA DE UM LÍDER

Qual é o significado de *postura*? Bem, esta parte do livro não trata de etiqueta, mas, conforme você verá, está relacionada a ela. Postura é a forma pela qual carregamos nosso corpo ou compomos seus movimentos, e um dos aspectos da liderança é saber como devemos comportar-nos ou posicionar-nos perante as pessoas que lideramos. A liderança ideal de acordo com os padrões do mundo é, em geral, medida pelos resultados: fulano fez um ótimo trabalho. Nos negócios, significa manter a carteira de ações dos acionistas com lucros sempre crescentes. Na política, o objetivo é ser eleito e reeleito, o que significa continuar a ser popular entre os eleitores.

A liderança cristã, no entanto, preocupa-se tanto com os *meios* quanto com os *fins*. Em outras palavras, a maneira pela qual lideramos é tão importante quanto os resultados obtidos. Por exemplo, os fundos para um projeto foram levantados com sucesso, mas a forma utilizada para consegui-los criou inimizades, produzindo divisão nos relacionamentos. De acordo com os padrões bíblicos, a divisão significa que a liderança perdeu sua característica principal. O líder pode intimidar ou ameaçar os outros para conseguir seus objetivos, criando um clima de medo. Talvez a diretoria da empresa concorde com isso porque o líder é "competente". Mas esse comportamento não pode ser considerado cristão.

Portanto, nesta segunda parte estudaremos três posturas que os líderes cristãos devem adotar perante seus liderados.

De joelhos (cap. 4). Liderança servidora é uma expressão muito usada e quase sempre mal interpretada. Por isso, no capítulo 4 buscamos mostrar que liderança servidora não significa ausência de liderança. Liderança é uso correto do poder e da influência para incentivar um grupo de pessoas a alcançar um objetivo comum. O poder e a influência da liderança cristã devem refletir aquele que é nosso exemplo mais perfeito de servo. Jesus ajoelhou-se diante dos discípulos para lavar-lhes os pés sujos e empoeirados. Essa atitude passou a ser um exemplo vivo para o futuro comportamento dos discípulos. Esse capítulo analisa como os líderes servidores capacitam seus liderados para conseguir a colaboração de todos.

Trabalho em equipe (cap. 5). O exemplo de liderança no Novo Testamento não é o de John Wayne nem do Zorro incitando o povo a entrar em conflito. A liderança cristã também não se assemelha à de Moisés descendo do monte Sinai depois de ter conversado com Deus. A liderança cristã tem que ver com uma equipe cujo talento de cada integrante é direcionado para cumprir uma missão. Os líderes do NT, embora fossem homens de visão, entenderam que Deus trabalha principalmente por meio do corpo de Cristo. O nosso Deus trino é uma comunidade de amor eterno entre o Pai, o Filho e o Espírito Santo, e essa realidade deve ser posta em prática na comunidade chamada igreja. A maior satisfação do líder deve ser a de ver os outros progredindo como ministros do evangelho.

Mordomia (cap. 6). As maiores contribuições do líder ocorrem quando eles são fiéis à missão que Deus lhes atribuiu. Os líderes devem desejar para si o mesmo que desejam para os membros de sua equipe, ou seja, vê-los trabalhando e contribuindo de acordo com os talentos, dons, personalidade e paixão que eles receberam de Deus. Não é sinal de egoísmo o líder cristão querer servir de uma maneira que lhe cause entusiasmo. As comunidades nas quais os líderes servem devem ajudá-los a ser bons administradores do propósito para o qual foram chamados. O capítulo 6 ensinará os líderes a concentrar-se na singularidade de sua contribuição para edificar o Reino de Deus.

4

DE JOELHOS

Indicações preliminares

Texto para memorizar: Marcos 10.42-45
Estudo bíblico: João 13.1-17
Leitura complementar: O que significa liderança servidora?
Exercício prático: Meditando no *porquê* e no *como* de nossa liderança

 Verdade fundamental

Qual é a motivação e a postura do líder cristão?

Os discípulos líderes não são motivados pelo autoengrandecimento de ter controle ou poder, nem pela necessidade de querer sentir-se importantes. O líder servidor encontra alegria em capacitar e equipar outras pessoas para que elas se sintam satisfeitas por contribuir com o talento que Deus lhes concedeu. A liberdade para ser um líder servidor origina-se da realidade de ser um filho amado do Pai.

1. Identifique as principais palavras ou expressões da questão e resposta acima e explique o significado de cada uma delas.

2. Repita a verdade fundamental com suas palavras.

3. Que perguntas ou questões a verdade fundamental provoca em você?

> "Deus agrada-se mais de determinadas ações, por mais raras que sejam, feitas em silêncio e em segredo, e sem o desejo de que os homens possam vê-las, que de mil ações grandiosas realizadas com a intenção de ser vistas pelos homens."
>
> João da Cruz
> *Three Mystics*

Guia de estudo do texto para memorizar

Copie o texto inteiro aqui:

_____
_____
_____
_____
_____
_____
_____
_____
_____
_____
_____
_____
_____
_____
_____
_____
_____
_____

Texto para memorizar: Marcos 10.42-45

Em geral, as lições que mais exercem influência na vida ocorrem quando menos esperamos. Os mais belos ensinamentos de Jesus foram ministrados em ambientes comuns da vida real, quando ele corrigiu alguém ou fez uma comparação. Em Marcos 10.42-45, o desejo de grandeza de Tiago e João proporciona a Jesus uma oportunidade de redefinir a liderança de acordo com os valores do Reino.

1. *Entendendo o contexto.* Em Marcos 10.35-45, Jesus apresenta um exemplo de liderança contrastante com o modelo que prevalece neste mundo. Qual é esse modelo e como Tiago e João o aceitaram?

2. Que evidência você vê no mundo ou na igreja de uma liderança que domina/exerce poder?

3. Jesus está ordenando aos líderes chamados por ele que ajam de maneira diferente. Explique com suas palavras o que significa ser grande (ou ser o primeiro) no Reino de Deus.

4. Se alguém lhe dissesse: "Ser *servo* ou *escravo* significa estar sempre pronto a atender às necessidades dos outros", você concordaria ou discordaria? Explique sua resposta.

5. No versículo 45, Jesus diz que veio ao mundo para servir e dar a sua vida em resgate por muitos. Que lições extraímos em relação às pessoas que lideramos?

Guia de estudo bíblico dirigido

Estudo bíblico: João 13.1-17

Na véspera de sua crucificação, Jesus demonstra amor de servo aos discípulos. Nenhum deles se dispusera a adotar a postura de servo e lavar os pés uns dos outros. Sabemos que até no momento crucial em que se reuniram para a refeição da Páscoa os discípulos continuaram a discutir entre eles quem era o maior (Lucas 22.24).

1. Leia João 13.1-17. Explique com suas palavras o momento dramático ao qual Jesus e os discípulos haviam chegado (v. 1,2).

2. Como o versículo 3 serve de fundamento para Jesus se dispor a servir aos discípulos? O que precisamos aprender para ser servos?

3. Qual o significado simbólico de lavar os pés uns dos outros? A que esse ato equivaleria nos dias de hoje?

4. Em sua opinião, por que Pedro reagiu com tanta veemência quando Jesus se aproximou para lavar-lhe os pés (v. 8)?

> "O LÍDER ESPIRITUAL COMETE ABUSO ESPIRITUAL TODAS AS VEZES QUE O ACONSELHAMENTO, O ENSINAMENTO E A ORIENTAÇÃO ESPIRITUAIS SÃO USADOS PARA ADQUIRIR PODER E REFORÇAR A AUTORIDADE DO LÍDER EM VEZ DE CAPACITAR E FAVORECER OS LIDERADOS."
>
> Ray Anderson
> *The Soul of Ministry*

5. Qual é a relação entre nosso desejo de ser servido e nossa capacidade de servir aos outros?

6. O que Jesus queria que os discípulos aprendessem quando lavou os pés deles (v. 12-15)?

7. Faça uma comparação entre o ato de liderar e o ato de servir. Como um determina o outro?

8. Que perguntas ou questões esta passagem provoca em você?

Leitura complementar: O que significa liderança servidora?

A verdade é que a expressão "liderança servidora" é quase sempre entendida como "ausência de liderança". Em termos práticos, o adjetivo "servidora" parece anular a *liderança*: o líder assume o papel de servo, e isso significa estar à disposição dos outros. Em um artigo intitulado "O que significa ser pastor", um pastor interpretou a expressão "liderança servidora" desta maneira:

> Embora eu possa decepcioná-lo de vez em quando, você pode contar com meu trabalho. Sou servo de Cristo. Portanto, também sou seu servo. Qual é o momento certo, você me perguntaria, de chamá-lo para me servir? De manhã, quando estou descansado? Em um horário espremido dentro de minha agenda lotada? Depois que os assuntos da programação e administração da igreja estiverem resolvidos? Não. O momento certo é quando você precisar.[1]

Por mais nobre que possa parecer à primeira vista, essa descrição de servo transmite a imagem de um mordomo de ouvidos sempre atentos aos desejos do dono da casa quando ele toca a sineta. É esse o significado de liderança servidora? Não.

Aubrey Malphurs apresenta esta definição alternativa de liderança servidora: "O líder cristão é uma pessoa piedosa (caráter) que sabe aonde está indo (visão) e tem seguidores (influência)".[2] Em outras palavras, o líder lidera. O líder precisa ter: 1) ideia de um futuro almejado por ele; 2) capacidade para influenciar os outros a aceitar esse futuro com entusiasmo. No entanto, para ser cristã, a liderança precisa seguir o exemplo de nosso Mestre, o exemplo máximo de líder servidor. A palavra "servidora" qualifica a liderança porque engloba o *porquê* (motivos) e o *como* (estilo).

A liderança exercita o poder e a influência na direção de uma visão inspirada por Deus. A principal pergunta da liderança servidora é: *Como o poder e a influência são exercitados, e com que estado de espírito?* Essas foram as questões que Jesus enfrentou em seu encontro com Tiago e João. Os dois filhos de Zebedeu estavam com dificuldade de entender o significado de liderança.

Tiago e João aproximaram-se de Jesus às escondidas na tentativa de ter um lugar privilegiado em seu futuro Reino. Jesus prometera que, quando se assentasse em seu trono glorioso, os 12 discípulos ocupariam os tronos como juízes das tribos de

---

[1] Sherman RODDY. "What It Means to Be a Pastor". *Leadership Journal*, inverno de 1990.

[2] *Pouring New Wine into Old Wineskins*. Grand Rapids: Baker, 1993, p. 163.

Israel (Mateus 19.28). Ao ouvir isso, Tiago e João decidiram escolher seus lugares na sala do trono e disseram a Jesus: "Permite que, na tua glória, nos assentemos um à tua direita e o outro à tua esquerda" (Marcos 10.37).

Imediatamente, os outros dez ficaram sabendo que os dois irmãos haviam tentado passá-los para trás e se zangaram. "Quando os outros dez ouviram essas coisas, ficaram indignados com Tiago e João" (v. 41). Talvez Pedro tenha sido o líder do grupo ao reclamar com Jesus, uma vez que os dois irmãos haviam quebrado a hegemonia do trio favorito composto por Pedro, Tiago e João. Os dez não ficaram indignados pelo fato de Tiago e João terem interpretado de forma equivocada a natureza da liderança no Reino. Ficaram indignados porque eles (os dez) foram passados para trás.

Jesus viu naquele momento uma oportunidade para ensinar os discípulos. Estabeleceu um contraste entre o que o mundo entende por liderança, poder e influência e quais eram os verdadeiros *porquê* e *como* da liderança. "Jesus os chamou e disse: 'Vocês sabem que aqueles que são considerados governantes das nações as dominam, e as pessoas importantes exercem poder sobre elas'" (v. 42). Jesus viu nos discípulos o mesmo desejo de poder que via nas autoridades romanas e judaicas. O paradigma principal é captado nas expressões "governantes das nações *as dominam*" e "pessoas importantes

exercem poder *sobre elas*". Essa liderança se iguala à dominação — "sobre elas".

Tiago e João eram ambiciosos, lutavam por ocupar um lugar de grandeza. Não há nada de errado com isso. O erro estava na motivação. Tiago e João parecem não ter entendido duas questões.

Honra. Para Tiago e João, a dignidade e o valor da pessoa eram medidos por sua proximidade com o centro do poder. Eles poderiam viver sob o reflexo da glória por ocuparem posições privilegiadas, o mais perto possível do trono. O déficit interior deles seria camuflado, porque haviam "chegado lá", alcançado o topo. Seriam respeitados por muitas pessoas. As portas do privilégio se abririam mediante uma palavra deles, porque o poder consegue o que deseja. O efeito é semelhante ao de uma droga.

Em todas as profissões, existe uma hierarquia. Nos negócios, o *status* revela-se assim: as pessoas sabem o nosso nome, temos um assistente administrativo para nos servir, trabalhamos em um ambiente confortável, conseguimos a melhor mesa nos restaurantes. Se você quiser mais exemplos, pergunte a uma enfermeira como é a hierarquia no campo da medicina. Mas o mundo acadêmico talvez seja o mais hierarquizado, com todos os diplomas, títulos, honrarias, salas de jantar especiais para o corpo docente e assim por diante.

A força gravitacional do *status* envolve todos nós. É tão sutil que quase sempre não percebemos seu efeito. Mas ela tem domínio sobre nós.

O poema a seguir, de Robert Raines, levanta a questão de nossos relacionamentos, se eles são cuidadosamente calculados para ajudar-nos a ocupar uma posição melhor.

Sou como Tiago e João,
Senhor, eu meço as outras pessoas
em termos do que elas podem fazer
por mim;
como podem favorecer minha agenda,
alimentar meu ego,
satisfazer às minhas necessidades,
dar-me uma vantagem estratégica.
Eu exploro as pessoas,
ostensivamente por amor a ti,
mas, na realidade, por amor a mim. [...]
Sou como Tiago e João.[3]

Poder. Se o significado da palavra "honra" é nossa medida de valor em relação ao patamar acima de nós, o *poder* relaciona-se à nossa posição comparativa com quem está abaixo de nós. O orgulho é definido como poder usado para aumentar nosso ego. O que Tiago e João tinham em mente naquele pedido feito em segredo? Queriam ser exaltados acima dos outros dez. C. S.

Lewis lembra-nos que, em sua essência, o poder é competitivo. Lewis escreve:

O orgulho não sente nenhum prazer em ter alguma coisa, a não ser o de ter mais que a pessoa ao lado. Dizemos que as pessoas têm orgulho de ser ricas, inteligentes ou bonitas, mas não é verdade. Elas têm orgulho de ser mais ricas, mais inteligentes ou mais bonitas que os outros. [...] É a comparação que nos torna orgulhosos: o prazer de estar acima dos outros.[4]

Jim Collins escreveu um estudo fascinante sobre o que leva uma empresa a ser grande em seu livro de grande divulgação, *Good to Great* [De bom a ótimo]. As grandes empresas, ele afirma, são dirigidas por líderes "Nível 5". Embora o ponto de referência de Collins não seja o paradigma bíblico da liderança servidora, sua descrição dos líderes Nível 5 aproxima-se muito do tipo de liderança seguidora que Jesus exige de seus líderes. Collins diz que os líderes Nível 5 exibem uma dualidade de modéstia e disposição, humildade e destemor.

Voltaremos a esse perfil um pouco mais adiante, porque o assunto de mais interesse neste ponto é a discussão de Collins em torno dos líderes "Nível 4". Os líderes Nível 4

---

[3] *Creative Broodings.* New York: Macmillan, 1966.

[4] *Mere Christianity.* New York: Macmillan, 1943, p. 109-10 [*Cristianismo puro e simples.* São Paulo: Martins Fontes, 2005].

parecem encaixar-se nas aspirações de Tiago e João. Eles se preocupam com grandeza pessoal. Não se concentram no sucesso da empresa a longo prazo, mas no fato de serem reconhecidos como o motivo do sucesso presente. "Afinal, não haveria melhor testamento para sua grandeza pessoal do que o desmoronamento do local após sua partida."[5] O assunto favorito dos líderes movidos pelo ego é falar deles próprios, e eles adoram estar sozinhos sob a luz dos holofotes. Em um artigo escrito por um líder Nível 4, o pronome "eu" foi usado 45 vezes, e o "nós", 16 vezes. Collins concluiu: "Em mais de dois terços dos casos de comparações [isto é, de líderes de boas empresas, mas não de grandes empresas], notamos a presença de um ego gigantesco que contribuiu para a extinção ou a mediocridade contínua da empresa".[6]

A perspectiva de Jesus sobre liderança era diametralmente oposta a querer ser exaltado e valorizado aos olhos do mundo e exercer autoridade visando apenas o engrandecimento do ego.

> "EM UM SÓ GOLPE JESUS REJEITOU DE MODO INEQUÍVOCO O MODELO HIERÁRQUICO QUE SERVE DE BASE PARA A ORGANIZAÇÃO COMUNITÁRIA ENTRE OS CRISTÃOS E O SUBSTITUIU POR UM MODELO ALTERNATIVO DE MOVIMENTO PARA BAIXO, DEMONSTRADO EM SEU ITINERÁRIO DE HUMILHAÇÃO DA MAIS ALTA GLÓRIA PARA A CONDIÇÃO MAIS ÍNFIMA, COMO SALVADOR CRUCIFICADO."
>
> Gilbert Bilezikian
> *Community 101*

"Não será assim entre vocês. Ao contrário, quem quiser tornar-se importante entre vocês deverá ser servo; e quem quiser ser o primeiro deverá ser escravo de todos. Pois nem mesmo o Filho do homem veio para ser servido, mas para servir e dar a sua vida em resgate por muitos" (Marcos 10.43-45).

Vejamos agora quais são as implicações da liderança servidora em relação ao *porquê* e ao *como*.

POR QUÊ? PARA QUE OS OUTROS ENCONTREM VIDA

Os líderes servidores não estão interessados em receber elogios. Esta frase é atribuída ao presidente Harry Truman: "Você pode conseguir qualquer coisa na vida, desde que não se preocupe em saber quem receberá o crédito".[7] Os líderes servidores têm apenas duas preocupações: 1) que o sonho de Deus para seus liderados se transforme em realidade e 2) que todos os envolvidos se sintam valorizados por terem contribuído para a concretização do ideal.

---

5 Jim Collins, *Good to Great*. New York: Harper-Collins, 2001, p. 26.

6 Idem, p. 29.

7 Apud David McCullough. *Truman*. New York: Simon & Schuster, 1992, p. 654.

Voltemos ao assunto do perfil do líder Nível 5. O perfil do grande líder não é aquele que Collins e sua equipe queriam demonstrar, mas aquele que surgiu quando eles viram o que as grandes empresas tinham em comum. Primeiro, os líderes Nível 5 não são pessoas famosas. Na verdade, se você não trabalhar na mesma empresa que eles, dificilmente os identificará. Segundo, os líderes Nível 5 não gostam de falar de si mesmos; ao contrário, concentram-se na empresa e na contribuição prestada pelos outros. Os seguintes adjetivos aplicam-se aos líderes Nível 5: calados, humildes, modestos, reservados, tímidos, atenciosos, amáveis, discretos e comedidos; eles não se consideram famosos. "Os líderes feitos para vencer nunca desejaram ser os maiores heróis do mundo. Nunca almejaram ser colocados em um pedestal ou tornar-se ícones inatingíveis. Aparentemente, eram pessoas comuns, trabalhando em silêncio para conseguir resultados extraordinários."[8]

Uma vez que há muitas pessoas com essas qualidades, quais foram os atributos especiais encontrados dos líderes Nível 5? Primeiro, eles se concentravam o tempo todo no sucesso da empresa, e não no engrandecimento pessoal. Segundo, tinham uma determinação ferrenha de fazer o possível para transformar a empresa em um sucesso. Em outras palavras, para eles, os líderes não pensam em si mesmos, mas em coisas mais grandiosas. Quando lhes perguntaram qual o motivo de seu sucesso, eles o creditaram à excelente equipe que haviam formado (ou a outros fatores externos). Em resposta à pergunta: Por que não temos mais líderes Nível 5?, Collins diz que há

pessoas que, mesmo vivendo um milhão de anos, jamais submeteriam suas necessidades egoístas à nobre ambição de construir algo maior e mais duradouro que elas próprias. Para essas pessoas, o trabalho gira, sempre e acima de tudo, em torno do que elas conquistam — fama, fortuna, bajulação, poder e assim por diante —, não em torno do que constroem e criam ou da causa para a qual contribuem.[9]

Os líderes servidores estão dispostos a dar a vida para que a visão de Deus em relação a seu povo se torne realidade. Jesus deu-nos o exemplo: "Pois nem mesmo o Filho do homem veio para ser servido, mas para servir e dar a sua vida em resgate por muitos" (Marcos 10.45). Observamos que os grandes líderes servidores têm um amor profundo pelas pessoas a quem servem e se identificam com elas a ponto de estar dispostos, de maneira figurada, a dar a vida em favor delas.

---

[8] Jim COLLINS. *Good to Great*, p. 28.

[9] Jim COLLINS, op. cit., p. 36.

Moisés demonstrou liderança servidora quando Deus estava prestes a julgar o povo hebreu por idolatria (ao curvar-se diante do bezerro de ouro). Moisés disse a Deus: "Mas agora, eu te rogo, perdoa-lhes o pecado; se não, risca-me do teu livro que escreveste" (Êxodo 32.32). O apóstolo Paulo teve sentimento semelhante quando escreveu aos romanos:

> Tenho grande tristeza e constante angústia em meu coração. Pois eu até desejaria ser amaldiçoado e separado de Cristo por amor de meus irmãos, os de minha raça, o povo de Israel [...]. (Romanos 9.2-4)

Jesus, Moisés e Paulo demonstram pelo povo de Deus o mesmo amor que o pai tem por um filho enfermo em estado terminal. Se os rins de nosso filho estivessem seriamente comprometidos, e ele pudesse ser salvo caso lhe doássemos um de nossos rins, não hesitaríamos em fazer esse sacrifício. Por quê? A saúde de nosso filho é muito mais importante que a nossa. A falta de rumo e orientação do povo de Israel provocou lágrimas em Jesus; ele clamou: "Quantas vezes eu quis reunir os seus filhos, como a galinha reúne os seus pintinhos debaixo das suas asas, mas vocês não quiseram" (Mateus 23.37). Apesar da desobediência e rebeldia dos israelitas, Moisés queria que eles entrassem na terra prometida. E, embora Paulo tivesse sido chamado para servir aos gentios, seu coração continuou a pertencer a Israel. Os líderes servidores oram com angústia por aqueles que ainda não apreciaram plenamente tudo o que Deus tem para lhes oferecer.

> "NENHUM HOMEM QUE OCUPA UMA ALTA POSIÇÃO ESTÁ SEGURO, A NÃO SER AQUELE QUE SE SUBMETE COM ALEGRIA. NENHUM HOMEM PODE COMANDAR COM FIRMEZA, A NÃO SER AQUELE QUE APRENDEU A OBEDECER COM ALEGRIA. NENHUM HOMEM SE EXPRESSA COM ABSOLUTA CERTEZA, A NÃO SER AQUELE QUE MANTÉM SILÊNCIO COM ALEGRIA, SE PUDER."
>
> Thomas à Kempis
> *A imitação de Cristo*

COMO: EXTRAINDO O QUE HÁ DE MELHOR NOS OUTROS

Os líderes servidores são um exemplo do que os outros poderão vir a ser. Os líderes servidores capacitam outras pessoas por meio do próprio exemplo. Em vez de estimular a autoridade exagerada, os líderes servidores atraem seus liderados por terem uma vida cativante. Novamente Jesus dá-nos o exemplo. Na véspera da crucificação, Jesus reuniu-se com os discípulos para comemorar a Páscoa no andar superior de uma casa. Enquanto os discípulos discutiam para saber quem era o maior entre eles (Lucas 22.24), Jesus colocou uma toalha em volta da cintura e ajoelhou-se diante de cada um deles com uma bacia na mão. Jesus agiu como se fosse um servo comum da casa, lavando os pés sujos e empoeirados de seus seguidores. O efeito desse ato foi muito mais importante que o de qualquer instrução verbal. Mas os discípulos não compreenderam seu significado. Jesus lhes explicou:

> "Vocês entendem o que lhes fiz? Vocês me chamam 'Mestre' e 'Senhor', e com razão, pois eu o sou. Pois bem, se eu, sendo Senhor e Mestre de vocês, lavei-lhes os pés, vocês também devem lavar os pés uns dos outros. Eu lhes dei o exemplo, para que vocês façam como lhes fiz" (João 13.12-15).

A dura verdade é que nossa vida fala mais alto que nossas palavras. As pessoas sentem-se atraídas por nós pelo que veem em nossa vida, ou afastam-se de nós porque nossa vida contradiz nossas palavras. Será que gostaríamos de convidar outras pessoas para ter uma vida igual à nossa? Bill Hybels, pastor fundador da Igreja da Comunidade Willow Creek, apresenta a seguinte explicação: Quando convidamos outras pessoas a seguir Jesus Cristo, precisamos lembrar que as estamos convidando a mudar para melhor ou para pior. Será que a vida em Cristo é tão valiosa para nós a ponto de dizermos: "Troque sua vida por aquela que estou vivendo em Cristo"? A liderança servidora fundamenta-se no exemplo.

Os líderes servidores estão empenhados em extrair o que há de melhor nos outros e os capacitam para isso. Dizem que os grandes e verdadeiros atletas se esforçam para que todos os colegas sejam competidores mais eficientes. No basquete, o bom jogador de ataque é capaz de envolver o time inteiro na jogada. Os líderes servidores gostam de trabalhar em equipe para realizar algo que nenhum membro do grupo conseguiria sozinho. Lembre-se: quando indagados sobre o motivo de seu sucesso, os líderes Nível 5 falam da colaboração dos outros, não deles próprios. A missão fundamental dos líderes das igrejas, de acordo com o apóstolo Paulo, é conduzir os membros do corpo de Cristo a ter uma vida plena. Os líderes servidores devem "preparar os santos para a obra do ministério, para que o corpo de Cristo seja edificado" (Efésios 4.12).

Os líderes servidores sentem grande alegria ao ver os outros cumprindo a missão que Deus tem para a vida deles. Não há nada que sensibilize mais um líder servidor que o testemunho de alguém que, sob sua orientação, passou da sobrevivência ao sucesso e,

> "SE UMA PESSOA DIZ QUE É LÍDER, MAS NINGUÉM A SEGUE, É SINAL DE QUE ELA NÃO É LÍDER. CONFORME ALGUÉM JÁ DISSE: 'ELA ESTÁ SIMPLESMENTE FAZENDO UMA CAMINHADA'".
>
> Aubrey Malphurs
> *Pouring New Wine into Old Wineskins*

portanto, conheceu o potencial concedido por Deus que ele não imaginava existir.

Quais são os resultados de sua liderança? O que os outros dirão? Haverá elogios pelas coisas grandiosas que *você* fez? Ou haverá conversas em torno do que a *equipe* fez e de como todos se sentiram por ter contribuído para a missão? Um antigo ditado chinês diz: "O mau líder é odiado pelo povo; o bom líder é respeitado pelo povo; o grande líder é aquele que ouve o povo dizer: 'Nós fizemos'". Sua liderança não é medida por aquilo que foi alcançado quando você estava presente, mas por aquilo que foi mantido quando você não estava por perto. Os grandes líderes capacitam seu pessoal a realizar coisas grandiosas em sua ausência.

Filhos amados do Pai

Concluindo, a liderança servidora é caracterizada pelo impulso piedoso (o porquê) e motivada pelo exemplo e capacitação (o como). Mas de que forma podemos sublimar nosso ego e adotar a postura de servos? Como podemos livrar-nos da necessidade de exercer autoridade e permitir que os outros sejam eles próprios? Como nossa liderança pode ser exercida de tal forma que não busquemos ser amados, mas sejamos capazes de amar espontaneamente? *A resposta é: precisamos saber que somos filhos amados de Deus.* Por que Jesus se sentiu livre para ser servo de todos? João descreve o serviço humilde de Jesus prestado a seus discípulos com as seguintes palavras:

> Jesus sabia que o Pai havia colocado todas as coisas debaixo do seu poder, e que viera de Deus e estava voltando para Deus; assim, levantou-se da mesa, tirou sua capa e colocou uma toalha em volta da cintura (João 13.3,4).

Jesus foi servo dos discípulos porque seu valor estava firmemente estabelecido por seu Pai.

Só nos sentiremos livres para sermos líderes servidores quando soubermos, no íntimo, que somos filhos amados do Pai. O ministério de Jesus começou e terminou com esse discernimento. Se nossa liderança for uma tentativa de compensar um valor perdido ou preencher um déficit, a liderança servidora será um engodo para nós. Brennan Manning conta a história de um sacerdote irlandês que foi visitar o povo de sua paróquia na zona rural. Ele se deparou com um velho mendigo orando ajoelhado à beira da estrada. Impressionado, o sacerdote disse: "Você deve estar muito perto de Deus". O mendigo levantou a cabeça e sorriu: "Sim, ele gosta muito de mim". Nossa capacidade para sermos servos desenvolve-se na proporção direta de nossa capacidade de ouvir essas palavras dirigidas a nós: "Este é o meu [filho], escolhido e marcado por meu amor, o orgulho da minha vida" (Mateus 3.17, *A mensagem*, no prelo, **Vida** — tradução livre).

Exercício prático: Meditando no *porquê* e no *como* de nossa liderança

Jesus chama-nos para fazer o difícil trabalho da autoanálise. Os líderes servidores substituem os motivos mundanos ("Não será assim entre vocês") por motivos enraizados no coração de um servo.

As marcas de um líder do mundo

Honra. Querer estar perto do centro do poder e influência como forma de ser valorizado.

1. Em seu campo de trabalho, quais são as marcas que você "conseguiu"?

2. Em uma escala de 1 a 5, faça uma avaliação de como essas marcas o motivam (1 = nenhum atrativo; 5 = arrebatador). Explique.

    Poder. Querer aumentar minha influência em favor de minha respeitabilidade.

3. Se você tivesse de controlar o uso que faz das palavras "eu" e "nós" durante uma semana, quais usaria mais? Como isso se relaciona com a importância que você dá a si mesmo?

A motivação do líder servidor: que os outros possam encontrar vida

4. Os líderes servidores consideram as pessoas preciosas ao coração de Deus; e o bem-estar espiritual delas agrada ao coração dos líderes.
Como você analisaria sua disposição em desejar de todo o coração o bem espiritual das pessoas a quem serve?

O HÁBITO DO LÍDER SERVIDOR (COMO): EXTRAIR
O QUE HÁ DE MELHOR NOS OUTROS

5. Os outros percebem que você está profundamente interessado em conhecer e apreciar as características dos integrantes de sua equipe? Explique.

6. Pense em uma equipe particular a que você está servindo. Anote os nomes das pessoas da equipe e, ao lado, escreva os dons, as qualidades e os atributos que, a seu ver, elas trazem à equipe. Em seguida, separe um tempo para elogiá-las: escreva um bilhete, envie um *e-mail*, agradeça a atenção de todos quando vocês estiverem reunidos e assim por diante.

FILHOS AMADOS DO PAI

7. Uma vez que a capacidade para ser servo é diretamente proporcional à nossa sensação de segurança no amor do Pai, como você analisaria a forma pela qual essa realidade molda sua identidade? (Escolha uma das frases a seguir que melhor caracterize a situação em que você se encontra.)

_____ Não tenho certeza do que isso significa.

_____ Estou paralisado e não sei como chegar lá.

_____ Estou procurando transferir essa verdade da cabeça para o coração.

_____ Quero saber mais a respeito desse assunto.

_____ Estou começando a gostar de ser um filho amado de Deus.

_____ Meu entendimento a esse respeito evoluiu muito.

_____ Sempre me sinto profundamente valorizado por Deus.

Explique:

Para um estudo mais aprofundado

COLLINS, Jim. *Good to Great*. New York: Harper Collins, 2004.

DePree, Max. *Leadership Is an Art*. New York: Dell Publishing, 1989.

5

TRABALHO EM EQUIPE

INDICAÇÕES PRELIMINARES

Texto para memorizar: 1Coríntios 12.4-7

Estudo bíblico: Atos 15.1-35

Leitura complementar: Formação de equipe: uma prática que auxilia o ministério de todos

Exercício prático: Desenvolvendo uma equipe de ministério na qual exista um pacto

 Verdade fundamental

De onde vem a maior satisfação dos líderes cristãos?

A maior satisfação dos discípulos líderes ocorre quando eles são usados por Deus para capacitar um grupo de pessoas (pequeno ou grande) com a finalidade de realizar uma missão que promova o Reino de Deus. Há grande recompensa em saber que todos os membros do grupo percebem o valor da missão, contribuem com seus talentos e alcançam mais resultados juntos que sozinhos.

1. Identifique as principais palavras ou expressões da questão e resposta acima e explique o significado de cada uma delas.

2. Repita a verdade fundamental com suas palavras.

3. Que perguntas ou questões a verdade fundamental provoca em você?

Guia de estudo do texto para memorizar

Copie o texto inteiro aqui:

_____
_____
_____
_____
_____
_____
_____
_____
_____
_____
_____
_____
_____
_____
_____
_____
_____
_____
_____

Texto para memorizar: 1Coríntios 12.4-7

No Novo Testamento, não há metáfora melhor para *equipe* que o corpo de Cristo. Em 1Coríntios 12, Paulo explica o equilíbrio entre unidade e diversidade. Ele louva a multiplicidade de dons concedidos a todos os membros do corpo que contribuem para a edificação da unidade da igreja com a finalidade de cumprir sua missão.

1. *Entendendo o contexto.* Leia o texto inteiro de 1Coríntios 12. De acordo com Paulo, o que é necessário para que a igreja funcione a contento?

2. Nos versículos 4-6, Paulo parece apresentar um glossário de expressões intercambiáveis para os dons espirituais. No significado de cada uma delas, há uma diferença quase imperceptível. Que aspectos dos dons espirituais cada expressão revela?
   a. dons (v. 4)
   b. ministérios (v. 5)
   c. formas de atuação (v. 6)

3. Em cada descrição dos dons, Paulo diz quem os dá. Como Paulo retrata Deus nessa descrição? Como a natureza de Deus ilustra a unidade e a diversidade?

4. Com que finalidade os dons devem ser usados (v. 7)?

5. Com base em sua experiência, como os dons do Espírito podem ser usados impropriamente no corpo de Cristo?

6. Em que ocasião você sentiu que usou melhor os seus dons para colaborar com a realização de uma missão?

Guia de estudo bíblico dirigido

Estudo bíblico: Atos 15.1-35

Em Atos 15, a igreja primitiva viu-se diante de uma decisão crucial acerca da natureza da mensagem do evangelho. Uma vez que estamos abordando o tema da equipe ministerial, este capítulo é um estudo específico para ajudar-nos a entender como a igreja trabalhou em unidade para discernir a verdade de Deus sobre o que significa viver sob a graça.

1. *Leia Atos 15.1-5.* Qual problema precisava ser resolvido pelos presbíteros e apóstolos? Quais foram as duas posições que criaram discussão entre as partes envolvidas?

2. A que conclusões os representantes de cada parte chegaram para resolver as diferenças? Que conclusões você extrai disso?

3. *Leia Atos 15.6-12.* Qual foi a atitude tomada pelos apóstolos e presbíteros para entender a verdade de Deus?

4. *Leia Atos 15.13-21.* Tiago, irmão de Jesus, foi designado para ser o porta-voz dos apóstolos e presbíteros. Em que a decisão dele se baseou? Qual foi a decisão?

5. *Leia Atos 15.22-35.* De que maneira os apóstolos e os presbíteros comunicaram a decisão deles?

6. Em sua opinião, o que contribuiu para que essa decisão fosse pacífica e exemplar? Que princípios a respeito de comunidade e formação de equipe podemos extrair do método usado na igreja primitiva?

7. Que perguntas ou questões esta passagem provoca em você?

Leitura complementar: Formação de equipe: uma prática que auxilia o ministério de todos

A missão mais gratificante para os líderes, seja em nível macro (uma organização ou igreja), seja em nível micro (uma equipe ou grupo pequeno), é criar um ambiente no qual todos contribuam para o ministério usando os dons recebidos de Deus. Esse é o trabalho em equipe.

A maior satisfação que eu (Greg) tive no ministério foi a de direcionar a colaboração das outras pessoas com o objetivo de completar uma missão que nenhum de nós teria conseguido realizar sozinho. É nessas ocasiões que o todo é maior que a soma das partes e que cada envolvido sente que foi útil à missão. Uma equipe se forma quando as pessoas estão sincronizadas como se fossem remadores trabalhando em conjunto para alcançar a linha de chegada. Sabemos o que significa fazer parte do corpo de Cristo quando todos os membros se tornam um (1Coríntios 12.12). O paradigma bíblico fundamental para uma equipe é Deus como Trindade.

A VISÃO BÍBLICA DA EQUIPE DE MINISTÉRIO

Jesus resume a finalidade principal da Grande Comissão: "Portanto, vão e façam discípulos de todas as nações, batizando-os em nome do Pai e do Filho e do Espírito Santo" (Mateus 28.19). Por que o batismo em nome da Trindade é tão importante para o discipulado? O alicerce dessa realidade é o Deus Criador, formado por uma comunidade (ou equipe): Pai, Filho e Espírito Santo. Ao longo da eternidade, Deus sempre existiu como um ser comunitário, formando a comunidade primordial do amor. Nossa identidade como pessoas criadas à imagem de Deus (Gênesis 1.26,27) só se completa quando nossa vida recebe o sopro daquele que nos criou a partir do amor e para o amor. O Pai, o Filho e o Espírito Santo são um, embora essa Trindade tenha funções diferentes que contribuem para uma comunhão de amor. E a igreja encontra vida e propósito quando reflete a unidade e diversidade que existem no Deus trino.

Em *Leading the Team-Based Church* [Liderando a igreja baseada em equipe], George Cladis fala da metáfora que João Damasceno, o pai da Igreja nascido no século 7º, apresentou para explicar o relacionamento existente na Trindade. O termo grego *perichoresis*, traduzido por "dança em

> "EQUIPE DE MINISTÉRIO É UMA VISÃO RECONHECIDA COMO VERDADEIRA E DESENVOLVIDA POR UM GRUPO NO QUAL OS MEMBROS EXECUTAM PLANOS QUE ELES PRÓPRIOS IDEALIZARAM OU AJUDARAM A IDEALIZAR."
>
> Daniel Reeves
> Ministry Advantage

círculo", é um retrato vívido do Deus trino. A palavra *perichoresis* é formada por *peri* e *choros*. *Choros* refere-se a uma dança de roda executada em banquetes ou ocasiões festivas. Essa palavra é reforçada pelo prefixo *peri*, que destaca os movimentos em círculo da dança sacra. Esta é a metáfora *pericorética* da Trindade: as três pessoas divinas dançando em um círculo contínuo que transmite a ideia de intimidade, igualdade, unidade e amor — sem nenhuma distinção. "A unicidade de Deus não é a unicidade de um indivíduo distinto, autossuficiente; é a união de uma comunidade de pessoas que se amam e convivem em harmonia."[1]

Quando pensamos em equipe, deveríamos lembrar imediatamente a imagem de um "círculo". "Em um círculo todos podem ver um ao outro. Ninguém fica de fora. Todos estão interligados. Um ampara o outro."[2]

A metáfora de Paulo do corpo de Cristo como identidade fundamental da Igreja origina-se dessa realidade da Trindade. Em 1Coríntios 12, unidade e diversidade, unicidade e multiplicidade servem de orientação para entendermos como o corpo foi feito para funcionar. Paulo destaca que o ministério na igreja é composto de todas as partes do corpo colaborando entre si. "A cada um, porém, é dada a manifestação do Espírito, visando ao bem comum" (v. 7). Quando trata da distribuição dos dons espirituais para o ministério, Paulo fala da Trindade. Diferentes tipos de *dons* vêm do Espírito Santo (v. 4); diferentes tipos de *ministérios* ou *serviços* vêm do Senhor Jesus (v. 5); diferentes formas de *atuação* (literalmente "fortalecimento") vêm de Deus, o Pai (v. 6). Paulo argumenta que a igreja encontra vida e exemplo na Trindade.O ministério é a soma total do que Deus está fazendo por meio dos dons de cada um, e, em consequência, a igreja funciona maravilhosamente bem. Um amigo meu chamado Mike Elder resumiu essa verdade em uma palestra dirigida à Saratoga Federate Church com a seguinte frase memorável: "Sozinhos não temos nada, mas juntos temos tudo". Nenhum de nós é capaz de fazer tudo sozinho. Deus nos criou assim para que dependêssemos uns dos outros.

O papel prazeroso do líder da equipe é ver todos participando da dança, contribuindo com o dom que Deus lhes deu. É exatamente isso o que Paulo tem em mente quando diz que o papel dos líderes na comunidade cristã é "preparar os santos para a obra do ministério, para que o corpo de Cristo seja edificado" (Efésios 4.12). Uma geração atrás, Elton Trueblood, teólogo leigo quacre, disse que o termo moderno mais apropriado para um formador de equipe

---

[1] Shirley GUTHRIE. *Greek-English Lexicon*. Apud George CLADIS. *Leading the Team-Based Church*. San Francisco: Jossey-Bass, 1999, p. 4.

[2] CLADIS, op. cit., p. 6.

deveria ser jogador-treinador. O treinador ajuda cada membro da equipe a descobrir em que papel ele mais se adapta e a desenvolver seu potencial naquela posição. Mas o jogador-treinador não se limita a dar orientações na beira do campo. Ele também entra em campo e participa do jogo. Em uma igreja na qual eu (Greg) fui pastor sênior, o lema era: "Neste time todos jogam". O papel mais gratificante do líder é juntar-se aos membros da equipe e ajudá-los a contribuir para o sucesso do grupo. Trueblood escreveu: "A ideia do pastor como formador de equipe traz dentro de si muitas promessas [...] observar talentos não desenvolvidos, trazê-los à tona, fazer da força uma realidade na vida humana — essa é uma tarefa gratificante".[3]

Lamentavelmente, a maioria de nós deixou de concentrar-se no ministério do corpo de Cristo e passou a concentrar-se no modelo corporativo que contrata profissionais para trabalhar para nós. O afastamento do ministério no qual todos os membros são responsáveis em direção a um modelo

> "A EQUIPE UNIDA RECONHECE OS DONS PECULIARES DE CADA PARTICIPANTE E FAZ ESSES PARTICIPANTES BRILHAR. A FRAQUEZA DE CADA UM É IRRELEVANTE PARA A CAUSA PORQUE ELES SE CONCENTRAM NOS DONS DOS COMPANHEIROS E OS INCENTIVAM A REALIZAR A MISSÃO QUE DEUS ATRIBUIU À EQUIPE."
>
> George Cladis
> *Leading the Team-Based Church*

profissional e hierárquico acarreta dois efeitos desastrosos.

Primeiro, a profissionalização de nossos ministérios está afastando o trabalho dos leigos. Gilbert Bilezikian escreve: "Impressionados com a imagem elitista de especialistas treinados [pastores ou ministros profissionais], os membros da igreja deixam de participar dos trabalhos ou passam a ocupar funções de apoio, sem nenhum envolvimento".[4] Segundo, os pastores ou os líderes são afetados de maneira negativa. "O sistema sacerdotal dominante na direção da igreja coloca sobre o pastor uma carga irrealista de precisar agir como se tivesse recebido o talento universal de carregar sozinho, e com sucesso, as numerosas responsabilidades que fazem parte da vida das congregações locais."[5] Esse modelo institucional de liderança cria espectadores passivos na maioria das igrejas e produz expectativas exageradas em relação aos líderes.

A liderança no Novo Testamento é sempre baseada em equipe. As metáforas

---

[3] *The Incendiary Fellowship*. New York: Harper & Row, 1967, p. 41.

[4] *Community 101*. Grand Rapids: Zondervan, 1997, p. 155.

[5] Idem, ibidem.

e a linguagem do NT para uma liderança transformada são estupendas. Pelo fato de ter-se originado do judaísmo, a Igreja herdou o modelo sacerdotal. Os sacerdotes eram separados para representar o povo diante de Deus e representar Deus diante do povo. Mas, surpreendentemente, os líderes das igrejas locais não são chamados "sacerdotes". O sacerdócio representado pelo verdadeiro sumo sacerdote, Jesus Cristo, passou a pertencer a todos os crentes. Todos são sacerdotes no corpo de Cristo (1Pedro 2.4-9).

"Não há nenhuma evidência no Novo Testamento de que a primeira comunidade cristã estivesse sob a liderança de um indivíduo dominante", observa Bilezikian.[6] Os líderes da igreja local, aos quais o NT se refere como "presbíteros" (bispos ou pastores) são, sem exceção, mencionados no plural (Atos 14.23; 15.4,6; 20.17; 21.18; 1Timóteo 4.14; 5.17; Tito 1; Tiago 5.14; 1Pedro 5.1-4). Ao longo de todo o NT, a liderança da Igreja é apresentada como um ministério coletivo. No ministério descrito no NT, não existe uma pessoa dominante que seja exaltada acima de todos.

> "NÓS PREGAMOS O TRABALHO EM EQUIPE, MAS IDOLATRAMOS O INDIVIDUALISMO."
>
> Jean Lipman-Blumen
> *Connective Leadership*

AS DECEPÇÕES COM AS ESTRUTURAS MINISTERIAIS

Embora o Novo Testamento retrate um ministério composto por todos os membros da igreja, os leigos quase sempre se decepcionam com os atuais sistemas e estruturas que veem nos ministérios. A decepção surge por causa da lacuna existente entre as expectativas e a realidade do ministério. Se você quiser saber como as pessoas se sentem a respeito do trabalho na igreja, faça uma pergunta qualquer quando ouvir a palavra "comissão". Provavelmente, ouvirá uma série de palavras como "maçante", "lento", "reuniões", "tarefas" e assim por diante. Embora possa haver algumas conotações positivas associadas, o trabalho da Igreja, de modo geral, não provoca paixões positivas. Apesar disso, a Igreja e as organizações ligadas a ela realizam seus trabalhos por meio de comissões, conselhos e reuniões.

Por que as comissões das igrejas estão associadas a tantas decepções, e como isso pode levar-nos a uma vida mais estimulante? Em minha experiência (de Greg), as comissões fracassam pelos seguintes motivos:

- *Níveis desiguais de comprometimento.* O tempo que as pessoas estão dispostas a investir e as funções que estão dispostas a assumir variam de

---

[6]   *Community 101*, p. 163.

forma acentuada. Isso produz frustração porque a responsabilidade em relação à tarefa é dividida em níveis desiguais.

- *Falta de concentração na missão*. A maioria das comissões tem o objetivo de manter o andamento do programa, sem estar afinada com ele. Os integrantes reúnem-se periodicamente (por exemplo, uma vez por mês durante duas horas), o que é insuficiente para manter a atual estrutura. Essas comissões não se concentram na pergunta apaixonante: O que é necessário para cumprirmos nossa missão?

- *Omissão e plano de ação*. Frank Tillapaugh diz, em tom de sarcasmo, que comissão é um grupo de pessoas que se reúnem para fazer duas perguntas: 1) O que devemos fazer? e 2) Quem vai fazer? Em outras palavras, as comissões falam de ministério, mas não agem. Existe um abismo entre os que tomam decisões e os que as põem em prática.

- *Falta de relacionamento*. Uma pessoa pode trabalhar em uma comissão por um período considerável de tempo e não saber, por exemplo, que o cônjuge do colega ao lado está em fase terminal de câncer. Que lástima!

- *Posição e dons não combinam*. Muitas das atribuições da comissão são elaboradas antes de identificar de que forma o dom espiritual de um integrante pode contribuir para o êxito da tarefa.

- *Falta de entusiasmo pelo ministério*. Será que os membros da comissão são apaixonados pelo ministério em que atuam? Em geral, essa pergunta nunca é feita.

> "EM UM CÍRCULO, TODOS PODEM VER UNS AOS OUTROS. NINGUÉM FICA DE FORA. TODOS ESTÃO INTERLIGADOS. UM AMPARA O OUTRO."
>
> George Cladis
> *Leading the Team-Based Church*

Esses itens apontam para o que poderá trazer satisfação aos membros da comissão. Se *comissão* é uma expressão da natureza corporativa ou institucional da igreja (ou ministério), *equipe de ministério* é a expressão orgânica do corpo de Cristo: o único e os outros, o líder como jogador-treinador, e a liderança da equipe.

Em vez de comissão, conselhos e forças-tarefa, eu (Greg) acredito que as equipes de ministério são muito mais coerentes com a visão bíblica de ministério.

Primeiro, equipe de ministério é um pequeno grupo de pessoas (de 3 a 12) chamado por Deus para trabalhar em conjunto. Segundo, os membros de uma equipe de ministério se comprometem a cuidar uns dos outros e, ao mesmo tempo, exercitam seus dons espirituais para atender a uma necessidade.

Vamos examinar parte por parte para saber por que as equipes de ministério são tão inspiradoras.

Um grupo pequeno (contexto). Os ministérios de igrejas ou de organizações ligadas a elas trabalham melhor quando se concentram em pequenos grupos ou "pequenos pelotões". O tamanho do grupo é importante. Para intensificar a colaboração, todos os membros do ministério devem sentir que fazem parte da equipe e têm algo para oferecer. Quando um grupo pequeno tem mais de 12 membros, cada um deles começa a sentir-se como se fosse espectador, acreditando que não fará falta se não comparecer. As equipes com menos de 3 membros (3 já é questionável) não têm poder de fogo suficiente para sustentar adequadamente o ministério. Equipes de 3 a 12 membros têm a flexibilidade e a mobilidade de ajustar-se e levar adiante a missão. Esse é um tamanho ideal e permite que a equipe se concentre na missão sem se diluir. De acordo com a História, os pequenos grupos de pessoas comprometidas com a missão concentraram-se na causa comum e contribuíram grandemente para a sociedade (por exemplo, Jesus e os Doze; William Wilberforce e a Clapham Society;[7] John Wesley e as reuniões em salas de aula).

Chamados por Deus para atender a uma necessidade (comissão). O princípio de organização de uma equipe é a missão ou o ideal em torno do qual ela gira. Em outras palavras, a paixão de cada um pelo ideal do grupo é a base para a participação. O interesse profundo dos membros é o segredo para discernir a missão da equipe. A missão gira em torno da necessidade. A que necessidade o grupo está tentando atender (por exemplo, fome, conselho para mães solteiras, jovens cursando o ensino médio)? De acordo com George Cladis,

> as equipes de ministério são movidas por uma missão que o Senhor lhes atribuiu de ir e fazer. Elas agem com o propósito e o plano geral de cumprir a vontade de Deus da melhor maneira possível [...]. Sentem que seu trabalho tem um propósito supremo e que estão avançando para fazer algo de grande significado.[8]

---

[7] Grupo evangélico anglicano que apoiou Wilberforce na luta contra a escravatura na Inglaterra [N. do T.].

[8] *Leading the Team-Based Church.* San Francisco: Jossey-Bass, 1999, p. 12.

Tabela 5.1   Comparação entre comissão e equipe de ministério

Comissão	Equipe de ministério
Concentra-se na tarefa	Concentra-se na missão/relacionamento
Reúne-se rotineiramente	Faz o possível para cumprir a missão
As funções não são claramente definidas	As funções baseiam-se nos dons
Não há um pacto entre os participantes	Há um pacto por escrito entre os participantes
Falta de autoridade e plano de ação	Autoridade e responsabilidade caminham juntas

Preocupação mútua (comunidade). No trabalho da comissão, quase sempre falta o sentido de comunidade. Para serem sustentados no ministério, os membros do grupo precisam encontrar apoio no trabalho realizado em conjunto. Chuck Miller, quando jovem pastor da Labor Avenue Congregational Church em Pasadena, Califórnia, costumava dizer que "precisamos ser pessoas de Deus *antes* de realizar a obra de Deus". Eu diria: "Precisamos ser pessoas de Deus *enquanto* realizamos a obra de Deus". Quando compartilhamos nossa vida com os membros de uma equipe, quando confiamos e encontramos alegria neles, aprendemos o verdadeiro significado de comunidade que dá alegria à vida e ao serviço para Cristo. Se a equipe não demonstrar as qualidades que tentamos passar para os outros, de que adiantará nosso trabalho?

Exercitar os dons espirituais (contribuição). O trabalho em equipe ocorre quando todos os membros estão capacitados para dar forma à missão da equipe e contribuir com o que Deus lhes ordenou. Meu bom amigo Paul R. Ford[9] diz que as equipes giram em torno de três perguntas. 1) *Onde está sua maior força?* Em outras palavras, com que dons espirituais (o poder de Deus por seu intermédio) Deus o abençoou para partilhar com a equipe? 2) *Quais são suas fraquezas?* Quando nós (particularmente os líderes) ficamos frente a frente com nossas deficiências, essa vulnerabilidade é um convite ao trabalho em equipe. Ao falar de nossas fraquezas, declaramos que precisamos de outras pessoas para nos completar. Os outros membros do grupo entendem isso como um convite, porque sentem que necessitamos deles. 3) *De quem você necessita?* Quando falamos de nossas fraquezas, afirmamos implicitamente que "sozinhos não temos nada, mas juntos temos tudo". Cladis observa:

---

[9]   *Knocking Over the Leadership Ladder*. St. Charles, Ill.: ChurchSmart Resources, 2006.

A equipe unida reconhece os dons peculiares de cada participante e faz esses participantes brilhar. A fraqueza de cada um é irrelevante para a causa porque eles se concentram nos dons dos companheiros e os incentivam a realizar a missão que Deus atribuiu à equipe.[10]

Pacto entre os participantes. O pacto é a cola que mantém a equipe unida. *Pacto é um acordo por escrito entre duas ou mais partes, que especifica as expectativas e os compromissos no relacionamento entre elas.* Em geral, esse é o ingrediente que falta nas equipes. O maior motivo para comprometimentos desiguais e falta de companheirismo na missão é que não houve um bom alicerce no processo da formação da equipe. Não houve um pacto. Se esse elemento for adicionado ao processo da formação da equipe, a qualidade de ministério será extraordinariamente melhorada.

Por que há necessidade de um pacto por escrito?

- O pacto dá ao grupo o entendimento mútuo de sua missão e determina se os membros foram chamados para cumpri-la. É muito importante que todos os membros da equipe reajam afirmativamente aos principais pontos do pacto, de forma que o entendimento seja partilhado por todos. O líder da equipe deve evitar debater assuntos particulares com os membros da equipe. Comprometimentos desiguais enfraquecem o trabalho da equipe para cumprir a missão. Em geral, o grupo não deve permitir exceções aos comprometimentos mútuos. Por exemplo, eu (Greg) fiz parte de um grupo de presbíteros que se comprometeram a reunir-se três terças-feiras por mês para realizar nossa missão. Em razão do alto nível de comprometimento, foi difícil encontrar pessoas que pudessem dedicar esse tempo ao grupo. Bill disse que poderia comparecer duas terças-feiras por mês. O grupo concluiu que, se abrisse uma exceção para Bill, o comprometimento da equipe iria por água abaixo. E, assim, dispensamos a ajuda de Bill com relutância.

- Pactos *escritos* são valiosos por uma série de motivos. Os pactos escritos permitem que as partes verifiquem se o que todos entenderam na discussão faz parte do compromisso assumido. E, uma vez que a memória pode falhar, o pacto escrito serve como excelente lembrete. Os novos membros podem ler o pacto e fazer perguntas antes de decidir trabalhar para a equipe.

---

[10] *Leading the Team-Based Church*. San Francisco: Jossey-Bass, 1999, p. 14.

- A principal função do líder do grupo é ajudar os membros da equipe a cumprir o pacto previamente acordado. Se eles não o cumprirem, o líder tem em mãos uma ferramenta para chamar a atenção de todos sem ser autoritário. O pacto deve ser revisado e refeito em intervalos regulares. Nessa ocasião, cada membro da equipe avalia como está mantendo os compromissos assumidos.

Quando as equipes trabalham a contento, todas as qualidades da liderança cristã tornam-se realidade. *Nosso amor por Cristo aumenta e aprofundamos o conhecimento e a confiança nele.* Quando seguimos as diretrizes de nosso coração no ministério, nós nos dividimos entre *ser* e *fazer*. Trabalhamos com empenho para cumprir o propósito de Deus para nós e encontramos sentido em nossas ações.

Um alto nível de energia e paixão. Quando o coração de uma pessoa é atraído por uma necessidade qualquer, e ela demonstra profundo interesse pela missão da equipe, há um transbordamento de energia, porque esse é o propósito para a vida dela.

Uma integração de funções e dons espirituais. As funções atribuídas a cada participante são coerentes com os dons que Deus lhes deu de colaborar na missão para a qual eles foram feitos.

Preocupação com os parceiros de ministério. Os membros da equipe se preocupam uns com os outros enquanto tentam fazer algo grandioso para Deus.

O ministério pertence a todos. Todos os membros da equipe que dão o sentido desejado à missão, que encontram tempo para dedicar-se a ela e exercitam seus dons são coproprietários do ministério.

Transformação pelo poder de Cristo. As equipes dedicam atenção especial ao objetivo principal do ministério: atender às necessidades de outras pessoas. Quando fazem isso, os participantes se agigantam. Deus transforma as pessoas quando elas se esforçam ao máximo.

O ministério seria maravilhoso se todas as condições citadas fossem regras a serem obedecidas. Sob o poder do Espírito Santo, você terá a oportunidade de criar esse tipo de ambiente na equipe. A finalidade das equipes é refletir a comunidade original do Deus trino, em cuja vida nós nos abastecemos como corpo de Cristo.

Exercício prático: Desenvolvendo uma equipe de ministério na qual exista um pacto

Use as instruções a seguir para preencher a *Planilha de trabalho para a equipe de ministério estabelecer um pacto*, na página 99, para que você possa estabelecer um pacto entre os participantes.

1. Examine cada elemento da planilha de trabalho e responda a todas as perguntas. A opinião do grupo é muito importante, e você precisa ouvir a ideia de cada um. Se você for o líder do grupo, será melhor esperar até que todos tenham a oportunidade de expressar suas opiniões. Isso se tornará muito mais importante se você for pastor ou líder de um ministério ligado à igreja.

2. O objetivo do grupo é chegar a um consenso. Para isso, haverá necessidade de várias repetições. Escreva as ideias compartilhadas pelo grupo e/ou esclareça as principais divergências.

3. Analise com o grupo a planilha preenchida. Veja se está coerente com o pacto estabelecido entre vocês. Reflita se você abordou corretamente as várias ideias sobre as principais questões.

4. Discuta o que pode ser melhorado e dê sua contribuição às ideias comuns, enquanto vocês tentam resolver as diferenças. Reflita, em atitude de oração, quanto às concessões que você poderá fazer e àquilo que é fundamental para suas convicções.

5. É particularmente importante que todos entendam a missão do grupo, porque essa é a base para a participação de todos.

6. Como se fosse um *exercício prático*, anote as respostas às seguintes perguntas:

   O que você achou dessa experiência? Em relação ao grupo? O que foi difícil? O que foi edificante?

   Que benefícios você viu ou está vendo?

Como esse pacto ajudou todos os membros da equipe a colaborar com a missão?

Para um estudo mais aprofundado

CLADIS, George. *Leading the Team-Based Church*. San Francisco: Jossey-Bass, 1999.

HESTENES, Roberta. *Turning Committees Into Communities*. Colorado Springs: NavPress, 1991.

OTT, Stan. *Transform Your Church Through Ministry Teams*. Grand Rapids: Eerdmans, 2005.

Planilha de trabalho para a equipe de ministério estabelecer um pacto

O pacto define com clareza as expectativas e responsabilidades de todos os membros da equipe, para que o líder possa ajudar o grupo a cumprir sua missão. Analise cada elemento relacionado, usando as perguntas abaixo de cada item. Após a concordância de todos, anote as conclusões para que os membros do grupo confirmem que compreenderam tudo e ratifiquem o pacto. Não se esqueça de datar todas as versões do pacto.

1. A missão ou propósito desta equipe é... (Em geral, este espaço é preenchido com um verbo no infinitivo. Use um verbo que exprima ação como *ir, alimentar, cuidar, capacitar* etc.)
   - A quem estamos tentando ministrar?

   - Quais são as necessidades das pessoas a quem devemos ministrar?

   - Como você definiria a missão desta equipe?

2. Os objetivos para o ano 20 _____ são _____
   - Quais são suas expectativas e esperanças específicas?

   - O que você precisa sentir para saber que o tempo despendido na missão valeu a pena?

3. Reuniões da equipe
   - Quando, onde e por quanto tempo a equipe se reunirá?

   - O que será necessário para cumprir a missão desta equipe?

4. A estrutura das reuniões da equipe (elementos e formato)
   - Estudaremos _____ para cumprir nossa missão.

   - Cuidaremos uns dos outros por meio de _____

   - Nossa programação rotineira incluirá _____.

   - Exercitaremos a oração por meio de _____.

5. A equipe revisará e renovará este pacto em _____ [data].
   - Quanto tempo deverá durar o pacto inicial? (3 meses? 6 meses?)

   - Com que frequência revisaremos e renovaremos o pacto?

6. Responsabilidades dos membros da equipe:
   - Líder: Em sua opinião, qual é o papel do líder desta equipe?

   Quem será incentivado a ser líder em treinamento?

   - O papel de cada membro da equipe é _____.

   Que colaboração você poderá prestar a esta equipe?

   De que funções esta equipe necessita para ter um desempenho melhor? Uma dessas funções se harmoniza com seus dons espirituais? Como?

   - Deveres nos intervalos das reuniões da equipe:

   Como posso desempenhar meu papel e colaborar com a missão da equipe entre uma reunião e outra?

   - Responsabilidades. Entendo que minhas responsabilidades para com a equipe incluem:
     - presença regular em todas as reuniões
     - sigilo (o que foi discutido no grupo deve permanecer no grupo)
     - participação ativa (eu tenho um papel definido)

Data _____

6

MORDOMIA

Indicações preliminares

Texto para memorizar: Marcos 3.13-15
Estudo bíblico: Romanos 12.1-8
Leitura complementar: Quando Cristo chama
Exercício prático: Administrando seu chamado pessoal

 Verdade fundamental

Qual é o chamado que Cristo faz a seus líderes?

Cristo chama os discípulos líderes para terem uma comunhão diária e profunda com ele, para se empenharem em uma missão capaz de transformar vidas e para viverem de uma forma coerente com os dons que Deus lhes concedeu. Quando se conscientizam disso e respondem ao chamado de Cristo, os líderes descobrem o prazeroso significado de pôr em prática os dons que Deus lhes deu e a influência que exercerão sobre outras pessoas.

"O MUNDO AINDA NÃO VIU O QUE DEUS PODE FAZER COM UMA [PESSOA] TOTALMENTE CONSAGRADA A ELE."

Palavras dirigidas a D. L. Moody por Edward Kimball, que despertaram Moody para seu chamado. Extraídas de *A Passion for Souls*, de Lyle W. Dorsett

1. Identifique as principais palavras ou expressões da questão e resposta acima e explique o significado de cada uma delas.

2. Repita a verdade fundamental com suas palavras.

3. Que perguntas ou questões a verdade fundamental provoca em você?

Guia de estudo do texto para memorizar

Copie o texto inteiro aqui:

_____
_____
_____
_____
_____
_____
_____
_____
_____
_____
_____
_____
_____
_____
_____
_____
_____
_____
_____
_____

Texto para memorizar: Marcos 3.13-15
A liderança de Jesus revelou-se na qualidade de seu amor como servo e de seu compromisso para formar uma equipe que estendesse aquele amor ao mundo. No texto para memorizar, encontramos uma descrição do "chamado" particular que Cristo fez a seus seguidores.

1. *Entendendo o contexto*. Esses versículos vêm logo após a passagem que descreve a multidão que seguiu Jesus em busca de ajuda. Em sua opinião, o que Jesus sentiu quando olhou para aquele povo tão necessitado?

2. Qual o significado das palavras mencionadas no versículo 13: "[Jesus] chamou a si aqueles que ele quis"?

   O que você acha da ideia de Jesus querê-lo para si?

3. O texto diz que Jesus "chamou" e eles "vieram". O que isso nos diz acerca de Jesus e de seus discípulos líderes?

4. Os versículos 14 e 15 sugerem que o chamado de Jesus tem o sentido de "vir" e "ir". Para você, o que significa "estar com Jesus"?

   Os discípulos líderes foram enviados para fazer o quê?

5. Em que sentido você se imagina saindo para fazer essas duas coisas?

Guia de estudo bíblico dirigido

Estudo bíblico: Romanos 12.1-8

Romanos 12 apresenta uma das descrições mais brilhantes da vida do líder cristão e da maravilhosa comunidade que Deus deseja formar por meio desses líderes. Nos oito primeiros versículos, Paulo fala do extraordinário *chamado* de Deus a seus discípulos, para que usem seus dons espirituais com a finalidade de servir ao corpo de Cristo.

1. O que Paulo considera ponto de partida para a vida do líder, e por que isso é tão importante (v. 1)?

   De que forma Deus tem sido misericordioso com você? Como essa realidade influencia a maneira pela qual você vive?

2. O chamado para ser um "sacrifício vivo" é a *primeira* consequência de ver o que Deus tem feito e está fazendo (v. 1). Como líder, o que significa para você ser um "sacrifício vivo"? (Ao que isso se assemelha na prática?)

3. O versículo 2 identifica a *segunda* consequência de ver o que Deus tem feito e está fazendo. Como você deixou de seguir os padrões deste mundo e foi transformado?

4. De acordo com as declarações de Paulo nos versículos 1 e 2, quais são os benefícios de aceitar o chamado de Deus para sua vida?

   Que benefícios você recebeu em decorrência disso?

> "O SEGREDO DA LIDERANÇA [...] NÃO ESTÁ NA MANEIRA PELA QUAL O LÍDER CONDUZ OS OUTROS, MAS NA MANEIRA PELA QUAL ELE PRÓPRIO SE CONDUZ."
>
> Edwin Friedman
> *A Failure of Nerve*

5. Depois de apresentar essa maravilhosa descrição do chamado do cristão, Paulo faz uma séria advertência no versículo 3. Em sua opinião, por que um líder (como você) precisa ter em mente esse sublime objetivo e a séria advertência descritos por Paulo?

6. Como você descreveria a "grande ideia" que Paulo está tentando transmitir nos versículos 4-8?

Descreva os "dons" que Deus lhe deu.

Onde você está usando esses dons?

7. Que outras perguntas ou questões esta passagem provoca em você?

Leitura complementar: Quando Cristo chama

Conta-se a história de um grupo de encarregados da manutenção de estradas que foi chamado para ajudar os colegas a abrir uma vala em uma estrada de terra. O mestre-de-obras, presente no local o dia todo, atribuiu ao grupo recém-chegado a tarefa de cavar uma vala de 1,20 metro de profundidade por 9 metros de comprimento. Uma hora depois, a vala estava pronta. O mestre-de-obras ordenou, então, ao grupo que enchesse a vala com a terra retirada. A seguir, fez o grupo andar mais alguns metros na estrada e ordenou que começassem a abrir outra vala com as mesmas medidas.

Duas horas depois, a vala estava pronta, e novamente o grupo recebeu a ordem de enchê-la com a terra retirada. Mais uma vez, o mestre-de-obras ordenou-lhes que repetissem a mesma tarefa. A essa altura, os homens estavam exaustos e indignados, e a qualidade do trabalho ia de mal a pior. Quando o mestre-de-obras voltou a dar ordens para que os trabalhadores enchessem a vala de terra e caminhassem mais alguns metros com ele, os homens se revoltaram.

Ocorreu, então, ao mestre de obras que ele se esquecera de dizer aos trabalhadores *por que* eles haviam sido chamados para realizar aquela tarefa. "Vocês estão vendo aquela casa lá adiante?", o mestre-de-obras perguntou, apontando para o outro lado da estrada, onde havia uma casa com vários cômodos, a uns 400 metros de distância. "É um orfanato que abriga 60 crianças. Pelo visto, há uma rachadura no cano que passa por baixo desta estrada e fornece água para as crianças. Os dejetos deste pasto para gado infiltraram-se no cano, e as crianças estão adoecendo. Nossa tarefa é descobrir a rachadura e ajudar as crianças a se recuperarem."

Trinta minutos depois, eles abriram uma nova vala de 1,20 metro de profundidade por *15 metros*. O cano foi encontrado, e a rachadura foi consertada. Todos os trabalhadores daquele grupo acharam que seu suor valera a pena.

O PODER DE UM CHAMADO

É grande a diferença quando não estamos simplesmente realizando uma tarefa, mas obedecendo a um chamado para fazer algo significativo! Ouvir esse chamado é o mesmo que encontrar um tesouro em meio às valas da vida. Ele pode transformar uma vala em um lugar de destino. Em seu livro *O chamado*, Os Guinness observa:

> No fundo, todos nós queremos encontrar e cumprir um propósito maior que nós. Somente um propósito tão grande quanto esse pode levar-nos a alturas que, conforme sabemos, jamais alcançaríamos sozinhos.

Para cada um de nós, o verdadeiro propósito é pessoal e apaixonante: saber o que viemos fazer aqui e por quê. Kierkegaard [filósofo dinamarquês] escreveu em seu diário: "A questão é entender a mim mesmo, ver o que Deus deseja realmente que eu faça; a questão é encontrar uma verdade na qual eu acredite, encontrar a ideia pela qual eu possa viver e morrer".[1]

Os líderes cristãos são pessoas que descobriram (ou estão descobrindo) seu chamado e administrando-o com muita cautela. Assim como os servos na parábola dos talentos, contada por Jesus em Mateus 25.14-30, eles sabem que o Mestre lhes entregou determinados tesouros, ordenando que os investissem de maneira especial. O desejo de agradar a Deus torna esses líderes ansiosos por permanecer na função, mesmo quando enfrentam dificuldades ou oposição.

RESGATANDO O CONCEITO BÍBLICO DO CHAMADO

Lamentavelmente, o "chamado" (ou vocação cristã) é, na maioria das vezes, associado a uma classe muito restrita de líderes. Costuma-se dizer que os pastores "receberam um chamado". O missionário que trabalha em terras longínquas e alguém que trabalha em atividades ligadas à igreja também foram "chamados". No entanto, quando diz "vocês [...] são geração eleita, sacerdócio real" (1Pedro 2.9), Pedro está se referindo a *todas* as pessoas da igreja — economistas, donas-de-casa, vendedores e profissionais do ramo, operários, executivos e outros tantos. Pedro, um negociante autodidata, exorta-nos a lembrar que cada um de nós é chamado por Deus, e esse chamado enche nossa vida de um propósito grandioso.

E qual é esse propósito? Qual é o chamado de Deus para você, e como pode descobri-lo? Ao discutir esse assunto, a Bíblia descreve três dimensões cruciais do "chamado" de Deus. Embora o conceito de "chamado" esteja quase sempre associado a "ouvir", ele também tem o sentido de descobrir a vocação da pessoa como líder para "ver" com mais clareza (Mateus 13.16; Marcos 8.18). Pense nestas três dimensões do *chamado* como se fossem lentes através das quais a luz de Deus brilha em sua vida e por intermédio dela. Há

- o chamado da aproximação — *vir* ao Mestre-de-obras
- o chamado da missão — *ir* para juntar-se à turma do Mestre-de-obras
- o chamado pessoal — *investir* os dons concedidos por Deus, fazer o difícil trabalho de preparação para atender a uma necessidade particular

---

[1] *The Call*. Nashville: Word Publishing, 1998, p. 3 [*O chamado*. São Paulo: Cultura Cristã, 2001].

Quando essas três lentes estão dispostas uma sobre a outra, a luz de Deus intensifica-se até tornar-se um poderoso foco quase semelhante ao *laser*. Vamos pensar em cada uma dessas lentes.

A lente da aproximação (vir). O evangelho de Marcos relata um momento particularmente estratégico no ministério terreno de Jesus. Era chegada a hora de Jesus escolher 12 pessoas para serem seus principais discípulos. Marcos descreve o momento desta maneira: "Jesus subiu a um monte e chamou a si aqueles que ele quis, os quais vieram para junto dele. Escolheu doze, designando-os apóstolos, para que estivessem com ele, [e] os enviasse a pregar" (3.13,14).

É importante notar que o primeiro chamado de Jesus para os futuros líderes mais influentes do mundo não foi o de "ir" ou "fazer", mas o de "vir". Jesus não disse: "Saiam do lugar e movimentem-se!" nem "Elaborem um plano de ação e sigam em frente!". O primeiro chamado de Jesus àqueles líderes que mudariam a História foi: "Venham a mim. Venham aprender de mim. Venham estar comigo". Em outras palavras: "Venham, aproximem-se de mim".

O chamado de Jesus para nós é aquele que Dallas Willard e Henry Blackaby descrevem como um relacionamento de amor

> "VOCAÇÃO É ONDE A GRANDE FOME DO MUNDO E SUA GRANDE ALEGRIA SE ENCONTRAM."
>
> Frederick Buechner
> *Wishful Thinking*

interativo com ele. Jesus convida-nos a uma jornada por meio da qual aprendemos dele (Mateus 11.28-30). Esse aprendizado é sentido dentro da comunidade de outros "discípulos" (aprendizes) e baseia-se profundamente nessa comunidade — em comunhão com o corpo de Jesus (a igreja). Por meio dessa comunhão contínua com Cristo e seu corpo, o líder entra em um processo de transformação pessoal para ser semelhante a Cristo.

Jesus disse: "Se alguém permanecer em mim e eu nele, esse dará muito fruto; pois sem mim vocês não podem fazer coisa alguma" (João 15.5b). Talvez você seja um líder no ramo dos negócios, um líder político, um líder público ou até mesmo um líder de igreja sem ter respondido a esse chamado. Mas, se quiser ser o líder que Jesus molda e usa de maneira profunda, o primeiro passo a ser dado é responder ao chamado de aproximação.

O chamado da missão (ir). Nosso propósito ou chamado mais sublime é viver em comunhão com Cristo. Mas é impossível viver na companhia de Cristo e não querer aproximar-se das pessoas que ele ama (cf. cap. 8). Em outras palavras, *vir* a Jesus inevitavelmente nos faz *ir* em seu nome. Quando somos nutridos pelo caráter de Cristo, temos a mesma preocupação de

Cristo com o mundo. "Escolheu doze, designando-os apóstolos, para que estivessem com ele, [e] os enviasse a pregar" (Marcos 3.14).

A palavra "apóstolo" significa literalmente "enviado". Jesus enviou seus discípulos para acompanhá-lo em sua missão no mundo. A palavra "missão" ressalta esse movimento para fora. Vem da palavra grega *missio*, cujo significado é "enviar". É importante notar, contudo, que há dois propósitos básicos para os quais Jesus envia seus discípulos.

- Jesus envia líderes para "pregar" (v. 14). Ao ler essas palavras, você poderá pensar: *Que relação tem a palavra "pregar" com minha atuação como líder?*. A palavra "pregar" dá a ideia de alguém tentando atrair a atenção de pessoas que não querem ouvir. Dá a ideia do papel desempenhado por poucos especialistas no assunto. Mas esse não é o significado da palavra original, e por certo não era o que Jesus tinha em mente. "Pregar" significava simplesmente proclamar as boas-novas de redenção de Deus e da renovação por meio de Cristo. E esse tipo de comunicação pode adquirir várias formas.

Deus deu a missão da proclamação a mais de uma profissão ou tipo de personalidade. A missão não foi dada somente ao enérgico Simão Pedro, mas também ao pensativo André, ao poético João e ao analítico Tomé. A lista dos apóstolos mencionada em Marcos 3.16-19 é um estudo sobre a diversidade. A maravilha do plano de Deus é que ele equipou sua Igreja com uma impressionante variedade de vozes, cada uma especificamente apropriada para alcançar pessoas específicas em lugares específicos que ninguém jamais alcançaria sozinho.

- Jesus também envia líderes com "autoridade para expulsar demônios" (v. 15). Mais uma vez, você poderá perguntar: *Que relação isso tem comigo? Você está dizendo que eu devo ser um exorcista?*. Bem, *talvez* esse seja seu "chamado pessoal", mas não necessariamente. Em um sentido mais amplo, Cristo está simplesmente chamando os discípulos para combaterem o mal. Jesus escolhe líderes que se dedicarão a expulsar os demônios dos lugares que eles passaram a habitar.

Alguns anos atrás, Deus chamou Carl, um cristão, para trabalhar na alta cúpula de uma das maiores empresas de comunicação no mundo. Embora faça muitas coisas boas, essa empresa comercializa um grande número de filmes e músicas violentas que só servem para aumentar a crueldade e a brutalidade humana. Carl esperou e orou pacientemente por uma oportunidade de exercer influência cristã nesse assunto. Finalmente, surgiu uma oportunidade para ele questionar, de forma polida e ao mesmo tempo firme, as políticas da empresa relativas a esse conteúdo da mídia.

Quando ele levantou a questão, os oponentes invocaram rapidamente o direito de liberdade de expressão. Muitos lhe viraram as costas diante de tal "autoritarismo". Carl, porém, sabia que estava a serviço de uma "autoridade" maior. Contra-atacou com um memorando ao presidente da empresa, argumentando que o músico tinha o direito de compor uma canção desprezível, mas a empresa não era obrigada a distribuí-la. Misteriosamente, com o passar dos meses, a porcentagem de conteúdo violento aceito pela mídia caiu de modo significativo. Em vez de alcançar sucesso, o mal foi obrigado a mudar de rumo.

Em quantas outras empresas, comunidades e até igrejas essas músicas prejudiciais (malignas) estão tocando bem alto? Onde estão os líderes cristãos que proclamam as boas-novas, mas não têm autoridade para afastar o mal?

O chamado pessoal (investir). Fortalecidos pela comunhão com Cristo e seu corpo, inspirados pela missão recebida de Jesus, os líderes cristãos também precisam responder a um chamado muito pessoal. *Qual é a missão particular que tens para mim, Mestre-de-obras? Por que me colocaste aqui na beira*

desta estrada? Em geral, o segredo para responder a essas perguntas está em examinar a "pá" com a qual você foi agraciado. Deus tem um chamado pessoal para você — uma necessidade específica para você atender —, e o segredo para descobri-lo está em estudar os dons que Deus já colocou em seu coração e em suas mãos. Pense nisso em termos do acróstico da palavra "G-I-F-T" [em inglês, "dom"]:

- Examine seus dons da *graça*. Você se lembra da primeira vez em que usou uma ferramenta comum — uma chave de fenda ou serrote — e depois passou a usar uma ferramenta poderosa? Nas aulas de trabalhos manuais no colégio, eu (Dan) me lembro de ter lixado uma madeira por longo tempo com uma lixa de papel enquanto os outros garotos trabalhavam com uma lixadeira elétrica. *Quando vou conseguir uma lixadeira dessa?*, pensei. A Bíblia ensina que, quando alguém se torna seguidor de Jesus Cristo, Deus contempla essa pessoa com alguns "dons espirituais" que funcionam como ferramentas poderosas para completar a obra que ele lhes designou. Em Romanos 12.6, Paulo diz: "Temos diferentes dons, de acordo com a graça que nos foi dada". Em Efésios 4.7, Paulo reforça essa afirmação, dizendo: "E a cada um de nós foi concedida a graça, conforme a medida repartida por Cristo". Em outras palavras, na oficina de Deus todos recebem ferramentas poderosas!

Você sabe qual é a sua ferramenta? Em Romanos 12, Paulo relaciona, entre os "dons da graça", a capacidade de proclamar uma verdade do Senhor ao povo, o talento de encorajar pessoas, o dom de ensinar, liderar ou administrar. Ele relaciona a capacidade de servir em silêncio, de expressar misericórdia ou de ganhar dinheiro e distribuí-lo generosamente, como formas de dons espirituais. Quando entendemos por que e como recebemos o dom da graça, começamos a discernir nosso chamado pessoal.

- Examine suas *inspirações* (entusiasmo). Os dons que Deus lhe deu para discernir e cumprir seu chamado também incluem o *entusiasmo* que você teve nos estudos, no trabalho, na vida e em outras coisas que fez para Deus ao longo do caminho. Talvez você se irrite com um uma situação específica. *Por que alguém não faz alguma coisa para resolver este problema?*, você questiona. *Está muito claro para mim que alguma coisa precisa ser feita neste sentido*, você pensa. *Alguém deveria...*, você imagina.

Quando finalmente dizemos sim a esse chamado, o preço a ser pago poderá ser alto. Assim como Jesus, que "pela alegria que lhe fora proposta, suportou a cruz" (Hebreus 12.2), o líder cristão sente um fogo abrasador que não pode ser apagado, nem mesmo com as chuvas da adversidade. Assim como Jesus, que disse aos discípulos quando eles imaginaram que ele estivesse com fome: "A minha comida é fazer a vontade daquele que me enviou e concluir a sua obra" (João 4.34), o líder cristão se sente alimentado quando resolve um problema ou agarra a oportunidade de trabalhar em um ministério.

William Wilberforce foi membro do Parlamento Britânico no final do século 18. Após converter-se a Cristo, ele continuou a ter uma vida aristocrata e egocêntrica, até perceber que não tinha um propósito maior para viver. Ele escreveu em seu diário: "Nos primeiros anos no Parlamento, não fiz nada — nada que tivesse um propósito. Minha superioridade era meu objeto de adoração". Diante disso, ele pediu a Deus que lhe desse um propósito na vida que fizesse a diferença. Em 28 de outubro de 1787, ele fez esta anotação em seu diário: "Deus colocou-me diante de dois grandes objetos: a proibição do comércio de escravos e a mudança de comportamento [ou costumes]". Deus chamou Wilberforce para realizar a missão para a qual ele fora criado, e, em resposta a esse chamado pessoal, Wilberforce foi o elemento principal para a abolição da escravatura no Império Britânico.

Nem todos nós, é claro, receberemos chamados de tal projeção, mas haverá *algumas* necessidades ou oportunidades em nossa igreja, em nossa comunidade, em nosso círculo de influência ou até no mundo nas quais sentiremos um desejo ardente de ajudar e inspiração para agir, a ponto de dizer: "É para *isto* que eu fui feito".

- Examine sua *formação*. Você é um ser único e, mesmo que tivesse um irmão gêmeo idêntico, jamais haveria outra pessoa exatamente igual a você. Deus modelou sua personalidade e temperamento de maneira peculiar, e isso foi intencional. Pense na grande variedade de personalidades que Jesus escolheu para seu serviço: o incrédulo Tomé, o agressivo Pedro, o emotivo João, a compulsiva Marta e a expansiva Maria. Temos a impressão de que Cristo montou, de propósito, um mosaico de personalidades, cada uma oferecendo algo que pudesse levar adiante os propósitos dele na Igreja e no mundo.

Rick Warren diz que o povo de Deus é semelhante às diferentes peças de um vitral através das quais a luz do Senhor forma um espectro brilhante. Alguns pastores, quando no comando de suas igrejas, parecem estar no meio da Catedral de Notre Dame, observando a luz de Deus atravessar a vidraça rósea. O "vidro" — ou seja, você — precisa ser polido. Talvez esteja trincado ou quebrado. Mas sua formação é muito importante. Quanto mais você entender sua personalidade, temperamento e forças, mais fácil conseguirá discernir seu chamado pessoal.

- Examine seu *tesouro*. Jesus disse que aprenderíamos muito acerca de nosso coração se pensássemos em nosso tesouro. "Pois onde estiver o seu tesouro, aí também estará o seu coração" (Mateus 6.21). A maneira de ganharmos e investirmos dinheiro e bens materiais deixa entrever onde se encontram nossa paixão e dons. O dinheiro e os bens materiais dizem muito a respeito do que prezamos e de nossos verdadeiros interesses. É importante lembrar também que o dinheiro e os bens materiais podem ser as "pás" ou os "talentos" que Deus nos concedeu para atendermos a uma necessidade específica. Hud, um homem de negócios e membro de uma igreja no norte da Califórnia, entendeu uma parte de seu chamado dessa maneira. Vale a pena contar a história desse líder.

A jornada de um líder

Em 1989, após a queda do ditador romeno Nicolae Ceausescu, constatou-se que milhares de órfãos viviam em condições de absoluta atrocidade. Um dos muitos orfanatos, chamado simplesmente PC3, localizava-se na cidade portuária de Constanta, no mar Negro. Trinta e seis crianças aidéticas moravam ali, todas com menos de 6 anos de idade, vivendo em abandono e privação sob um sistema hospitalar retrógrado, sem receber tratamento médico.

Em 1992, Hud aceitou o convite para fazer uma curta viagem missionária que o levou até o orfanato em Constanta. Ele manifestou claramente que estava com medo de chegar perto daquelas crianças. Hud era bem-sucedido no ramo imobiliário, tinha 45 anos, boa situação financeira e tempo para dedicar-se a seus passatempos preferidos: asa-delta e golfe. Mas será que as necessidades daquelas crianças calariam fundo no coração dele a ponto de perturbar uma vida tão confortável? Naquela viagem, os receios de Hud tornaram-se realidade. Durante uma reunião de oração na Romênia, Hud caiu em prantos de repente, soluçando incontrolavelmente ao pensar no sofrimento daquelas crianças.

De 1992 a 1996, Hud fez várias visitas ao PC3. A cada visita, ele se conscientizava mais ainda da condição das crianças e retornava de lá frustrado. Um dia, ao entrar no orfanato, constatou que as crianças haviam sido empurradas para uma sala onde estava sendo exibido o filme *Platoon*. Meninos e meninas de 7 e 8 anos foram forçados a ver cenas de violência e caos indescritíveis. Não havia nenhum atendente adulto por perto. Hud viu nos olhos das crianças um apelo comovente: "É você? É você que finalmente veio nos ajudar, ou você nos deixará abandonados como todos os outros?".

A pergunta mexeu com o coração de Hud. Ocorreu-lhe que aqueles problemas sistêmicos e profundos precisavam ser atacados. Alguém precisava tomar uma atitude firme e decisiva para mudar a situação das crianças. O orfanato precisava sair das mãos do governo e passar a ser controlado por pessoas cristãs e capacitadas. De repente, o chamado de Hud entrou em foco, como se as lentes estivessem perfeitamente alinhadas com a luz *laser* brilhando através delas. Hud percebeu instintivamente: *Eu preciso cuidar disso*.

Nos dois anos seguintes, Hud fez uso de seus conhecimentos na área dos negócios, adquiridos ao longo de sua carreira de corretor de imóveis, para tirar o orfanato das mãos do governo romeno. Em 1998, o PC3 passou a chamar-se *Casa Viata Noua* (Casa da Nova Vida). Hoje, esse ministério é dirigido por cristãos romenos. As crianças vivem em unidades familiares de três a cinco pessoas, e cada família recebe os cuidados de duas mães que mantêm um relacionamento de longo prazo com as crianças.

Essa façanha foi realizada por um homem que respondeu ao chamado de Deus para sua vida. Ele não tinha prática de lidar com crianças e nenhum conhecimento na área de medicina. Mas estava em comunhão com Cristo; sentiu qual era sua *missão* e aceitou pôr em prática os dons *pessoais* que recebera de Deus para atender às necessidades do mundo.

GRAÇA MARAVILHOSA

Paulo diz em 1Coríntios 12: "Há diferentes formas de atuação, mas é o mesmo Deus quem efetua tudo em todos" (v. 6). Existe Alguém que atua em nosso lugar. Que boa notícia saber que existe Alguém além de nós que faz o trabalho mais pesado! Em geral, o chamado de Deus não pode ser levado a efeito sem a ação sobrenatural de Deus. A Bíblia diz que Abraão sabia disso (Gênesis 12.1-6). Moisés e Maria também sabiam (Êxodo 3⊠4; Lucas 1.26-38). Carl e Hud e muitos outros poderiam contar suas histórias. Se você se sente incapacitado para atender a uma necessidade sozinho, são grandes as chances de que está em ótimas condições de ser usado por Deus.

Há uma excelente notícia para todos os futuros líderes: quando um discípulo se dispõe a responder ao chamado da *aproximação* e ao chamado da *missão*, e investe seus dons em direção ao chamado *pessoal*, Deus concede a graça. Conforme o apóstolo Paulo aprendeu por experiência própria como líder, Deus "é capaz de fazer infinitamente mais do que tudo o que pedimos ou pensamos, de acordo com o seu poder que atua em nós" (Efésios 3.20).

Exercício prático: Administrando seu chamado pessoal

Deus deu-lhe um dom [G-I-F-T] — uma pá específica e uma vala para cavar ⊠ que fará grande diferença no ministério de sua igreja ou na missão de Cristo no mundo. Muitas pessoas serão abençoadas por Deus por seu intermédio. Ore, pedindo a Deus que o desperte para entender por que ele o criou assim e qual é o seu chamado. Depois, responda às perguntas a seguir, suplicando a Deus que lhe conceda esclarecimento.

1. Meus dons da graça.[2] Penso que tenho sido abençoado de forma sobrenatural com o dom de:

___ *Trabalhos manuais*. Sou capaz de usar as mãos e a mente para edificar o Reino por meio de dons artísticos e criativos (Êxodo 28.3,4).

___ *Hospitalidade*. Sinto grande entusiasmo quando abro as portas de meu lar para oferecer abrigo, alimento e companheirismo a outras pessoas (Gênesis 18.1-15).

___ *Fé/Exortação*. Sou capaz de transmitir aos outros uma confiança inusitada na presença, nas promessas e no poder de Deus — a tal ponto que eles passam a confiar mais nele (Atos 11.23,24; 14.21,22; Hebreus 11).

___ *Discernimento*. Tenho a capacidade diferenciada de saber se um tipo de comportamento ou direção vem de Deus, de uma pessoa ou de outra coisa qualquer (Atos 5.3-6; 16.16-18).

___ *Misericórdia*. Sinto excepcional empatia e compaixão por aqueles que sofrem e estou disposto a dedicar grande parte de meu tempo e energia para aliviar esse sofrimento (Lucas 10.30-37).

___ *Generosidade*. Gosto muito de oferecer minhas bênçãos materiais para a obra de Deus na igreja ou no mundo (2Coríntios 8.1-5).

___ *Administração*. Sou capaz de descrever e transmitir os processos e as estruturas necessários para ajudar uma equipe a alcançar objetivos que promovam a obra de Deus na igreja ou no mundo (Atos 15.12-21).

___ *Colaboração/Serviço*. Gosto de atender às necessidades dos outros e colaborar com eles para que realizem suas tarefas mais efetivamente, e não me preocupo em estar sob a luz dos refletores (Atos 6.2-4; Gálatas 6.1,2).

___ *Conhecimento/Sabedoria*. Sou capaz de entender, de forma excepcional, as grandes verdades da Palavra de Deus e torná-las relevantes para situações específicas (Efésios 3.14-19; Tiago 3.13-17).

___ *Música*. Sinto prazer em louvar a Deus por meio de corais ou músicas instrumentais e sou capaz de intensificar a adoração de outras pessoas (Marcos 14.26; 1Coríntios 14.26).

___ *Ensino*. Sou capaz de transmitir os princípios da Palavra de Deus, para que outros extraiam lições dessas verdades (Hebreus 5.12-14).

___ *Liderança*. Sou capaz de motivar, dirigir e apoiar as pessoas de tal forma que elas

---

[2] Nossos agradecimentos a CforC Ministries pela estrutura básica para esta lista dos dons da graça.

trabalhem juntas e efetivamente para cumprir os propósitos de Deus (Êxodo 18.13-16; Juízes 3.10; Hebreus 13.7).

—— *Pastorear rebanhos.* Gosto de assumir responsabilidade pela saúde espiritual de um grupo de pessoas e anseio por vê-las crescer na fé e no discipulado (1Pedro 5.1-11).

—— *Evangelização.* Sinto prazer em falar do evangelho àqueles que não conhecem Cristo, para que se tornem discípulo dele (Atos 8.26-40).

—— *Profecia.* Sou capaz de interpretar e aplicar a revelação de Deus em uma situação específica (1Coríntios 14.1-5,30-33,37-40).

—— *Apostolado.* Tenho o desejo ardente de implantar ou desenvolver igrejas e ministérios cristãos por meio da proclamação e ensino das doutrinas bíblicas e do discipulado prático (Atos 13.1-5; 14.21-23).

—— *Missão intercultural.* Sinto grande entusiasmo diante da oportunidade de usar meus dons espirituais em uma cultura diferente da minha (1Coríntios 9.19-23).

—— *Cura.* Descobri que Deus me usa para restaurar a saúde física ou espiritual dos enfermos (Lucas 9.1,2; Tiago 5.13-16).

—— *Intercessão.* Gosto de orar por longo tempo e com muito fervor para a edificação do Reino de Deus (1Tessalonicenses 3.10-13; 1Timóteo 2.1,2).

2. Minhas inspirações.

Minha mente e meu coração batem depressa quando contemplo _____.

Tenho um impulso positivo ou uma sensação de dever para _____.

Sinto-me comovido diante de pessoas empenhadas seriamente em _____.

Fico profundamente perturbado e entusiasmado diante das seguintes necessidades na igreja:

no mundo:

3. Minha formação.

Estou ciente de que estas características de minha personalidade e temperamento são importantes no que diz respeito a *onde* e *como* eu lidero e sirvo:

Na questão de liderança, meus pontos mais positivos (fortes) são:

Na questão de liderança, meus pontos negativos (pecados) são:

4. Meu tesouro. Tenho os seguintes recursos materiais para investir nos planos de Deus:

Resumo

1. Você está confuso e não sabe onde poderia focar seus dons [G-I-F-Ts] ou já tem um quadro definido na mente? Como descreveria o que está pensando?

2. Com quem você precisa falar ou trocar ideias para tomar o próximo passo e cumprir o chamado pessoal de Deus para você?

3. Que perguntas você tem a fazer a respeito da leitura?

4. O texto da leitura serviu para convencê-lo, desafiá-lo ou consolá-lo? Por quê?

Para um estudo mais aprofundado

O segredo da liderança está na autoconscientização. Os líderes competentes sabem onde estão seus pontos fortes e suas limitações. Para entender melhor sua *formação*, seria aconselhável recorrer a estas ferramentas:[3]

O perfil StrenghtsFinder
Buckingham, Marcus & Clifton, Donald. *Descubra seus pontos fortes*. Rio de Janeiro, RJ: Sextante, 2008. V. tb. http://www.strengthsfinder.com.

O inventário DISC (Dominância, Influência, Constância)
http://www.resourcesunlimited.com/DiSC_Profiles.asp
http://www.discprofile.com

O perfil Myers-Briggs
http://www.myersbriggs.org

O perfil do eneagrama
Riso, Don Richard & Hudson, Russ. *A sabedoria do eneagrama*. São Paulo: Cultrix, 2003. V. tb. http://www.enneagraminstitute.com.

O tema *tesouro* aplicado à liderança é amplamente explorado na Bíblia. Os seguintes materiais sobre a administração de bens oferecem ideias práticas acerca desses tópicos:
Alcorn, Randy. *A chave do tesouro*. São Paulo: Atos, 2005.
Dayton, Howard. *A fonte da verdadeira riqueza*. Pompéia, SP: Universidade da Família, 2006.
Sutherland, Dave & Nowery, Kirk. *The 33 Laws of Stewardship*. Camarillo: New Source Publishing, 2003.

---

[3] Os *sites* indicados como ferramentas para liderança estão em língua inglesa. [N. do E.]

Parte três

A VISÃO DE UM LÍDER

Visionário é alguém que ajuda as pessoas a ver o que elas provavelmente não veriam sozinhas. Um grande artista pinta cenas nas quais o público consegue penetrar como se fosse parte delas. Os líderes fazem o mesmo. Eles caminham juntos com um grupo de pessoas, e essa caminhada os leva a um futuro sonhado por todos. A maioria das pessoas precisa ser despertada da letargia para chegar a um nível previamente inatingível ou inimaginável. Portanto, a visão de um líder deve ser acompanhada de motivação para que as pessoas saiam do comodismo e se envolvam em uma missão que exige comprometimento total.

Para ajudar os outros a ver o que não conseguem sozinhos, o líder precisa, antes de tudo, ser uma pessoa de visão. Ele só pode falar daquilo que já viu. Os líderes cristãos costumam ser vistos como pessoas com a mesma visão grandiosa de Moisés acerca da terra prometida. Mas a liderança cristã também inclui retratar a atual realidade no Reino de Deus. Por isso, esta terceira parte do livro começa com duas realidades fundamentais antes de discutirmos a visão de um futuro almejado por todos.

O Cristo arrebatador (cap. 7). A visão não começa com a visão de Cristo para nós, mas com a visão que temos dele. A realidade mais importante que o líder deve mostrar é a natureza magnética e cativante de Jesus Cristo. Victor Hugo, romancista francês do século 19, disse a respeito de seu bispo: "Ele não estudava Deus; era deslumbrado por ele". Qual é o maior desejo dos líderes cristãos? Que as pessoas a quem servem sejam deslumbradas por Jesus Cristo. Nós o seguiremos por toda a eternidade. Quando nos aproximamos de Jesus, ficamos tranquilos e, ao mesmo tempo, perturbados. Todas as vezes que imaginamos tê-lo compreendido, ele nos deixa desnorteados; Jesus nunca cessa de surpreender-nos.

Aceitando o Reino (cap. 8). Jesus proclamou o enigmático "Reino de Deus". Ele introduziu um novo regime que já existia e continuaria existindo no futuro. Embora resida em seus seguidores, o Reino de Jesus vem do futuro para este atual estado de escuridão. Esse domínio invisível de Deus vem para destituir o reino das trevas e anunciar o triunfo do futuro. Esse Reino misterioso, embora seja uma realidade oculta, é mais seguro que o mundo empírico. Vivemos na atmosfera desse Reino; ele é o ar que respiramos e que nos dá esperança. Portanto, oramos como Jesus nos ensinou: "Venha o teu Reino; seja feita a tua vontade, assim na terra como no céu" (Mateus 6.10).

Ajudando os outros a ver (cap. 9). Se não tivermos uma visão do Cristo arrebatador ou a percepção de que o Reino de Deus se estende até os confins da terra, não teremos base correta para ajudar os outros a ver. Queremos que os outros vejam que Jesus Cristo é uma figura desconcertante, carismática, cheia de vida, e que ele veio proclamar o Reino de Deus, um Reino em conflito com o mundo atual. Assim que virmos essas verdades, poderemos perguntar a Deus qual papel nosso ministério particular poderá exercer no grandioso esquema do plano de Deus. Visão é a capacidade de ver e ajudar outras pessoas a ver e aceitar a missão para a qual Deus nos designou.

7

O CRISTO ARREBATADOR

Indicações preliminares

Texto para memorizar: Colossenses 1.15-20
Estudo bíblico: Apocalipse 1.9-18
Leitura complementar: O Cristo desconcertante
Exercício prático: Mantendo o Cristo desconcertante vivo diante de nós e em nós

 Verdade fundamental

Qual é a prioridade fundamental dos discípulos líderes?

Acima de tudo, os discípulos líderes desejam ser cativados pela presença e pelo poder da pessoa de Jesus Cristo. Os líderes cristãos, eternos aprendizes, colocam-se sob a influência modeladora de Cristo, de tal forma que vivem como se Cristo estivesse vivendo por meio deles.

1. Identifique as principais palavras ou expressões da questão e resposta anteriores e explique o significado de cada uma delas.

2. Repita a verdade fundamental com suas palavras.

3. Que perguntas ou questões a verdade fundamental provoca em você?

Guia de estudo do texto para memorizar

Copie o texto inteiro aqui:

_____

Texto para memorizar: Colossenses 1.15-20

Embora a verdade a respeito da encarnação seja o ponto central da maravilha de Cristo, as afirmações cósmicas sobre Cristo atraem nossa fascinação e reverência. O apóstolo Paulo afirma, no texto acima, que Jesus é a palavra final acerca de Deus, da criação e da redenção.

1. Que palavras ou expressões o apóstolo Paulo usa para provar a divindade de Cristo?

2. De que forma Paulo usa a expressão "o primogênito de toda a criação" (v. 15)? Se a interpretarmos em termos de cronologia, parecerá que Jesus foi o "primeiro a nascer" na Criação. De que outra maneira a palavra "primogênito" poderia ser usada aqui? (Se preferir, consulte um comentário ou estudo bíblico.)

3. De acordo com Paulo, qual é o relacionamento de Jesus com a criação?

4. Leia o versículo 17. Medite na fantástica expressão "nele tudo subsiste". O que Paulo tinha em mente ao escrever isso?

5. No ponto central da obra redentora de Jesus, está a reconciliação (v. 20). A necessidade de reconciliação indica que as duas partes estão em conflito. Qual é a natureza da animosidade entre o ser humano e Deus, e como Jesus propiciou a reconciliação?

6. Resuma, com suas palavras, a amplitude das afirmativas feitas por Paulo acerca de Jesus Cristo.

Guia de estudo bíblico dirigido

Estudo bíblico: Apocalipse 1.9-18

O apóstolo João dá-nos um vislumbre da revelação de Jesus Cristo recebida enquanto ele estava no exílio na ilha de Patmos, afastada da costa sudoeste da região hoje chamada Turquia. Os estudiosos dizem que o livro de Apocalipse foi escrito no ano 90 d.C. Naquela época, o imperador romano Domiciano ordenou a seus súditos que o adorassem como Senhor e Deus, *Dominus et Deus*. Domiciano mudou o nome do Império Romano para "Império Eterno" e se autodenominou "Rei Perpétuo". Todos os súditos romanos eram obrigados a ir ao templo construído em homenagem a Domiciano, lançar incenso no altar e declarar "César é Senhor". É nesse cenário que João recebe uma extraordinária visita do verdadeiro Senhor e Deus.

1. Apocalipse 1.9 explica por que João estava no exílio. Repita essa explicação com suas palavras.

2. De acordo com os versículos 10 e 11, quais foram as circunstâncias e o propósito para a revelação de Jesus Cristo?

3. Ao virar-se para saber quem estava falando, João vê alguém "semelhante a um filho de homem" entre sete candelabros (representando as sete igrejas — v. 20). Procure em seu comentário bíblico ou Bíblia de estudo as oito metáforas usadas para descrever Jesus (v. 13-16) e explique o que cada metáfora diz a respeito dele.

   - "com uma veste [...] e um cinturão de ouro ao redor do peito" (v. 13)

   - "sua cabeça e seus cabelos eram brancos como a lã" (v. 14)

   - "seus olhos eram como chama de fogo" (v. 14)

   - "seus pés eram como o bronze numa fornalha ardente" (v. 15)

- "sua voz [era] como o som de muitas águas" (v. 15)

- "tinha em sua mão direita sete estrelas" (v. 16)

- "da sua boca saía uma espada afiada de dois gumes" (v. 16)

- "sua face era como o sol quando brilha em todo o seu fulgor" (v. 16)

4. Por que você acha que a reação de João a essa revelação foi a de cair "aos seus pés como morto" (v. 17)?

5. O que as palavras confortadoras de Jesus nos dizem a respeito dele próprio (v. 17,18)?

> "A RELEVÂNCIA DO SOFRIMENTO DE JESUS BASEIA-SE EM SUA CAPACIDADE HISTORICAMENTE COMPROVADA DE FALAR AO SER HUMANO, CURÁ-LO E CAPACITÁ-LO. ELE FEZ GRANDE DIFERENÇA EM RAZÃO DO QUE TROUXE E DO QUE AINDA TRARÁ AOS SERES HUMANOS COMUNS, VIVENDO UMA VIDA COMUM E LUTANDO DIARIAMENTE CONTRA TUDO O QUE OS CERCA. ELE LHES PROMETE UMA VIDA PLENA."
>
> Dallas Willard
> *A conspiração divina*

6. Como essa descrição de Jesus transmite a imagem dele que você manterá como um seguidor e líder?

Leitura complementar: O Cristo desconcertante

Não podemos viver com ele; não podemos viver sem ele. Assim é Jesus. Ao mesmo tempo que se declara a nós, ele nos confunde. Ao mesmo tempo que nos dá uma clareza de ideias singular, ele complica nossas decisões. O jugo dele é suave, mas sua maneira de carregá-lo é difícil. Ele é o Cristo desconcertante.

Todo líder precisa ser, antes de tudo, um discípulo. Os discípulos não deixam nenhuma dúvida quanto a quem está exercendo o poder de moldar a vida deles. Portanto, a pergunta fundamental para o discípulo que lidera é: Quem é esse Jesus que está exercendo poder para "moldar" nossa vida? O que nos impele a segui-lo? Como manter esse relacionamento vivo e como ter Jesus sempre diante de nós?

Se recebemos a ordem de chamar outros para segui-lo, precisamos, antes de tudo, ser atraídos pela pessoa e pelo poder de Jesus Cristo. O relacionamento com Jesus deve ser acompanhado de medo e fascinação, em doses iguais. Ao mesmo tempo que somos atraídos para o irresistível Jesus, temos a reação de afastá-lo porque ele nos mostra coisas a nosso respeito que são simplesmente desconfortáveis.

O encontro de Pedro e seus companheiros com Cristo ilustra, de maneira impressionante, esse puxa-empurra do discipulado (Lucas 5.1-11). Veremos como Jesus orquestra os eventos com a finalidade de desconcertar aqueles meros mortais com sua demonstração de autoridade que não pertence a este mundo. Jesus penetra no território daqueles pescadores (Pedro, Tiago e João) e provoca uma reviravolta na existência confortável e previsível deles.

Aqui está o pano de fundo contra o qual Jesus revela sua identidade. Uma multidão havia convergido para a beira do lago de Genesaré (também conhecido como mar da Galileia) para ouvir a mensagem de Jesus. O povo começou a comprimi-lo de tal forma que o forçou a tomar emprestado o barco de Pedro. Jesus transforma esse barco em um púlpito flutuante.

Ao terminar de falar à multidão, Jesus dá esta ordem a Pedro: "'Vá para onde as águas são mais fundas', e a todos: 'Lancem as redes para a pesca'" (v. 4). Pedro reage a essa ordem com exasperação produzida por extremo cansaço. Ele não esconde a irritação. "Mestre, esforçamo-nos a noite inteira e não pegamos nada" (v. 5). Além de estar completamente exausto, Pedro parece imaginar que Jesus está fora da realidade. Pedro é um pescador, descendente de uma longa linhagem de pescadores. Essa era sua profissão. Ao fazer o pedido, Jesus parece desconhecer aquela profissão. "Vá para onde as águas são mais fundas." Águas fundas são para pescarias noturnas. Talvez

Pedro tenha pensado: *Mestre, é melhor o senhor cuidar da pregação e deixar a pescaria por nossa conta.*

No entanto, por ter grande respeito pelo Mestre, Pedro concorda com o pedido. "Mas, porque és tu quem está dizendo isto, vou lançar as redes" (v. 5). Pedro tem respeito suficiente para acatar a ordem, mas não espera ter sucesso. No entanto, assim que as redes são lançadas nas águas, parece que todos os peixes do lago decidem aparecer. Pedro acena para seus companheiros no outro barco, pedindo ajuda. Mas o peso ameaça afundar os dois barcos.

Nosso interesse é analisar a reação de Pedro ao ver a grande quantidade de peixes. Se Pedro tivesse sido egoísta a ponto de concentrar-se unicamente no sucesso financeiro de sua aventura, poderia ter consultado um advogado, redigido um contrato e tentado forçar Jesus a assinar como sócio. Pedro, contudo, não estava pensando em lucro.

Esse Jesus que desconcerta Pedro é, ao mesmo tempo, perturbador e cativante. "Quando Simão Pedro viu isso, prostrou-se aos pés de Jesus e disse: 'Afasta-te de mim, Senhor, porque sou um homem pecador!'" (v. 8). Pedro é um homem em conflito, sofrendo daquilo que os psicólogos chamam de "dissonância cognitiva". As palavras e atitudes de Pedro entram em colisão. Sua vida estava colidindo de frente com um trem.

Por outro lado, Pedro parece estar atraído por Jesus. Podemos imaginar a cena de Pedro atravessando as águas, correndo em direção àquele homem a quem até o vento e o mar obedecem. Pedro prostra-se aos pés de Jesus em ato de adoração. Ele nunca se sentiu tão cheio de vida como naquele momento.

Ao mesmo tempo, Pedro sabe, por intuição, que não está na presença de um simples mortal. Está sendo exposto a uma situação extremamente dolorosa: "Afasta-te de mim, Senhor, porque sou um homem pecador". Não mereço estar em tua presença, Pedro está dizendo. Afasta-te de mim porque não posso afastar-me de ti.

Eu (Greg) diria que esse medo da aproximação, essa dinâmica do puxa-empurra, nos mantém sob o poder modelador de Jesus Cristo. Jesus não é semelhante a nenhuma outra pessoa, e é por isso que ele é tão arrebatador.

Vamos analisar mais de perto o que se passa com Pedro.

Pedro retrai-se diante da presença do Santo de Deus. O que Pedro sentiu ao dizer: "Afasta-te de mim, Senhor, porque sou um homem pecador"? Pedro não tinha nenhum padrão de medida para classificar Jesus Cristo. Sabia, por intuição, que Jesus não era um homem comum. Contudo, de uma forma que ele jamais saberia explicar, o Santo de Israel estava personificado em Jesus. A glória de Deus, normalmente oculta, havia sido revelada por um momento por meio de uma pessoa, e Pedro ficou maravilhado.

Para sentir a santidade de Deus, é necessário estar frente a frente com um "poder extremamente sobrenatural", por assim dizer. As forças reveladas sobre as quais Pedro não tinha nenhum controle ameaçavam aniquilá-lo. Em *Out of the Silent Planet*, C. S. Lewis descreve a sensação de Ransom quando Oyarsa, uma espécie de divindade, se move por entre seus súditos. "Ransom sentiu o sangue latejar e um formigamento nos dedos como se a luz estivesse perto dele; e seu coração e corpo lhe pareciam ser feitos de água."[1]

Jó também passou por essa experiência. Conhecemos sua história. Ele perdeu tudo — riqueza, família e saúde — porque Deus permitiu que Satanás o pusesse à prova. Jó chegou a ponto de raspar suas feridas com caco de louça, enquanto os amigos insistiam para que ele confessasse seus pecados, como se isso fosse a causa daquela desgraça. Mas Jó se manteve firme quanto à sua inocência. Ele ousou acusar Deus de ser injusto, dizendo que não havia feito nada para receber aquele tratamento. Deus lhe devia uma explicação. Mas em momento algum Deus dá a Jó uma resposta intelectualmente satisfatória para sua condição. Deus simplesmente mostra seu poder e superioridade. Frederick Buechner escreve: "Deus não explica. Deus explode. Pergunta a Jó qual é sua opinião sobre ele. Diz a Jó que tentar explicar as coisas para as quais o próprio Jó quer uma explicação seria como tentar explicar Einstein a um pequeno molusco. Deus não revela seu plano grandioso. Ele se revela".[2] O Senhor diz a Jó:

"Aquele que contende
com o Todo-poderoso
poderá repreendê-lo?" (40.2).

Maravilhado diante da revelação de Deus, Jó responde:

"Meus ouvidos já tinham
ouvido a teu respeito,
mas agora os meus olhos te viram.
Por isso menosprezo a mim mesmo
e me arrependo no pó e na cinza" (42.5,6).

Assim como Jó, Pedro é dotado de superpoderes. É esse "poder extremamente sobrenatural" que produziu a sensação de estar corrompido moralmente. "Afasta-te de mim, Senhor, porque sou um homem pecador." Mas por que Pedro se concentrou em sua mácula interior?

---

[1] New York: Macmillan, 1970, p. 119 [*Para além do planeta silencioso,* Porto, Publicações Europa-América, 1984].

[2] *Wishful Thinking.* San Francisco: Harper San Francisco, 1993, p. 46.

A presença do Santo de Deus subjugou Pedro. A palavra "santo" significa "cortar ou separar". Na terminologia moderna, dizemos que alguém é "muito superior". Na linguagem teológica, chamamos "transcendência", que significa exceder os limites normais. Jesus é o único que excede os limites normais; ele é muito superior, o padrão por meio do qual tudo mais é medido.

Naquele ponto, Pedro, um homem seguro de si, sentia-se semelhante a qualquer outro ser humano mortal, moralmente sem rumo. Temos a tendência de medir nossa qualidade moral em uma curva, não em uma escala absoluta. Temos nossas pequenas fraquezas e maus hábitos, claro, mas quem não os tem? Poderíamos pensar: *Por certo não sou nenhum santo, mas, no geral, sou uma boa pessoa.* Supomos que Deus tem a mesma complacência em relação a nossos defeitos.

Pedro não tinha mais aquela ostentação. Sua escala de medidas foi destruída em questão de segundos. Todas as suas autojustificativas já não faziam nenhuma diferença. Pedro estava na presença de uma santidade absoluta. Jesus Cristo era muito superior. Pela primeira vez, Pedro se viu sob a posição privilegiada do Deus santo.

> "QUANTO MAIS EU ESTUDAVA JESUS, MAIS DIFÍCIL SE TORNAVA CLASSIFICÁ-LO. [...] COMO DISSE WALTER WINK, SE JESUS NUNCA TIVESSE VIVIDO, NÃO PODERÍAMOS TÊ-LO INVENTADO."
>
> Philip Yancey
> O Jesus que eu nunca conheci

Pedro estava exposto. A maioria de nós minimiza o sofrimento de nosso pecado porque a luz reveladora da santidade de Deus expõe nossa escuridão um pouco por vez. Mas Pedro partiu imediatamente de um ponto a outro: da escuridão que o cegava para o brilho ofuscante. Ele quis afastar Jesus; a pulsação psíquica foi grande demais. Quando nos tornamos discípulos de Jesus, colocamo-nos sob o olhar de Deus e permitimos que ele exponha nossa escuridão pessoal. A boa notícia, no entanto, é que a própria luz que revela a escuridão também produz cura.

Pedro viu em Jesus uma pureza desconcertante, perturbadora e persuasiva de quem poderia enxergar através das profundezas de sua alma. Não havia lugar para esconder-se. "Afasta-te de mim."

Pedro é atraído para um Jesus doador da vida. Por outro lado, a retração de Pedro foi apenas metade da história. A outra metade é que em Jesus encontramos vida. Ao mesmo tempo que pediu para Jesus afastar-se, Pedro ajoelhou-se em atitude de adoração. Podemos ver Pedro agarrado ao manto de Jesus como se o estivesse impedindo de afastar-se. Por mais doloroso que fosse aquele momento, Pedro não queria estar em outro lugar. Que luta! Ele é uma mistura perfeita de medo e fascinação. Isso não se assemelha às celebridades que encontramos na vida? Elas são terrivelmente irritantes, mas também são tão apaixonantes que, pelo simples fato de estarmos perto delas, sentimo-nos mais vibrantes.

Jesus tinha carisma. No dia em que o negócio de Pedro nunca havia sido tão bem-sucedido, Jesus o chamou para segui-lo.

> Pois ele e todos os seus companheiros estavam perplexos com a pesca que haviam feito, como também Tiago e João, os filhos de Zebedeu, sócios de Simão. Jesus disse a Simão: "Não tenha medo; de agora em diante você será pescador de homens". Eles então arrastaram seus barcos para a praia, deixaram tudo e o seguiram (Lucas 5.9-11).

Havia uma aura tão cativante na pessoa de Jesus que o simples fato de estar a seu lado era suficiente para alguém abandonar a segurança financeira. Agora, Pedro sentia-se mais vivo com Jesus por perto, uma sensação que jamais sentira.

Depois de algumas palavras duras de Jesus, muitos de seus seguidores começaram a abandoná-lo. Os próprios discípulos disseram: "Dura é essa palavra. Quem pode suportá-la?" (João 6.60). Ao ver a deserção de muitos seguidores, Jesus virou-se para os discípulos e perguntou: "Vocês também não querem ir?" (v. 67). E Pedro falou em nome dos 12 discípulos: "Senhor, para quem iremos? Tu tens as palavras de vida eterna. Nós cremos e sabemos que és o Santo de Deus" (v. 68,69).

O poder de Jesus era tal que ele pôde pedir a seus seguidores que lhe entregassem a vida. Em nosso coração, está plantado o desejo de encontrar algo para o qual seja digno entregarmos nossa vida inteira. O valor incomensurável de Jesus exige desenvolvimento total de nossa mente, completa submissão de nossas emoções e total disciplina de nossa vontade. Jesus prometeu que "quem perder a sua vida por minha causa, este a salvará" (Lucas 9.24).

Jesus chamou Pedro e seus companheiros pescadores para uma pesca diferente: de agora em diante, eles seriam pescadores de homens (5.10). Jesus deu-lhes a oportunidade de atrair pessoas para ele. E, a seguir, eles o veriam redirecionar essas vidas para seu Pai, o Deus que se estava revelando em Jesus.

Ninguém, a não ser Deus em forma humana, os recrutaria para o maior empreendimento deste mundo. Em *O conhecimento de Deus*,[3] J. I. Packer faz uma descrição estupenda da natureza dignificante desse chamado. Ele pede que imaginemos ter recebido a oportunidade ímpar de conhecer uma pessoa que consideraríamos o máximo — aquele que está acima de todos os outros na classificação, no poder intelectual, na

---

[3]   São Paulo: Mundo Cristão, 1980.

capacidade profissional ou na santidade pessoal. Pare um pouco e imagine quem poderia ser essa celebridade. Visualize-se tendo uma audiência particular com a pessoa que você teria a mais alta honra de conhecer. Quanto mais consciente você estiver de sua inferioridade, mais entenderá que não deve iniciar nem controlar a conversa, mas permitir que ela seja dirigida por essa celebridade. Se ela mantiver a conversa em tom ameno, talvez você se decepcione, mas com certeza não reclamará. Você teria direito a isso. Mas e se essa pessoa começar a confidenciar-lhe seus pensamentos e preocupações mais profundos? E se ela for um pouco além e convidá-lo para participar de um empreendimento planejado pessoalmente, e perguntar se você estaria disponível quando fosse chamado? De repente, você sentirá a cabeça nas nuvens e o peito estufado, e se sentirá mais vivo do que nunca. Você é o assistente pessoal dessa figura de projeção.

Não é de admirar que os discípulos tenham sido atraídos para Jesus. Eles foram chamados para realizar a obra do Rei do Universo, que viera da eternidade para estabelecer seu Reino no mundo. Foram convidados a fazer parte de seu plano. Passaram a fazer parte da vida do Rei.

PEDRO E NÓS

A experiência de Pedro com Jesus registrada em Lucas 5 mostra-nos o que significa ser um líder cristão. Primeiro, temos de nos submeter à influência modeladora de Jesus; somos aprendizes que se equilibram o tempo todo entre o medo e a fascinação de viver na presença dele. Em *Discipleship Essentials* [Elementos essenciais do discipulado], definimos discípulo e discipulado da seguinte maneira: "Discípulo é aquele que responde com fé e obediência ao chamado misericordioso de Jesus Cristo. Discipulado é um processo longo de morrer para si e permitir que Jesus viva em nós".[4]

Há dois movimentos diários, momento após momento, na vida do discípulo. O primeiro é o temor saudável diante do Deus santo.

> Sonda-me, ó Deus,
> e conhece o meu coração;
> prova-me, e conhece as minhas
> inquietações.
> Vê se em minha conduta algo te ofende,
> e dirige-me pelo caminho eterno
> (Salmos 139.23,24).

Com essa sondagem interna, estamos convidando Jesus a buscar a luz do Espírito Santo, enraizá-la em torno de nossa alma e tirá-la da escuridão. O mais fascinante é que, quanto mais somos atraídos para a luz do amor de Deus e quanto mais buscamos

---

4 Greg OGDEN. *Discipleship Essentials*. Downers Grove, Ill.: InterVarsity Press, 1998, p. 24.

ardentemente ter um relacionamento com o Cristo vivo, mais nos conscientizamos da distância que ainda temos de percorrer. Esse tem sido o testemunho dos santos através dos séculos.

Segundo, e simultaneamente, somos chamados para a vida e a obra que Jesus tem para nós. Dallas Willard escreve: "O discípulo de Jesus é alguém que está aprendendo com ele a viver no Reino de Deus como Jesus viveria se fosse o discípulo. O discípulo é alguém que está com ele, aprendendo a ser igual a ele".[5] O estudo de Gerhard Kittel sobre a palavra "discípulo" diz que ela "sempre implica a existência de um vínculo pessoal que modela a vida inteira da pessoa descrita como *mathetes* [palavra grega para discípulo], a qual, em sua particularidade, não deixa nenhuma dúvida quanto a quem está pondo em ação o poder modelador".[6]

Jesus passa a habitar em nós. Ele purifica a casa para sempre e, ao mesmo tempo, capacita-nos para trabalhar em seu Reino. Sua obra renovadora não termina nunca. À medida que a vida de Jesus começa a trabalhar por nosso intermédio, passamos a entender melhor o significado de servir aos outros. Medo e fascinação. Essa é a condição na qual estamos realmente vivos.

C. S. Lewis entendeu esse equilíbrio como poucos entenderam. É por isso que ele escolheu a imagem de um leão para representar a figura de Cristo em *Crônicas de Nárnia*. Quando Susana e Lúcia perguntam aos Beavers se Aslan está "seguro", elas ouvem estas palavras: "Seguros?", disse o sr. Beaver; [...] "Quem disse alguma coisa sobre segurança? Claro que ele não está seguro. Mas ele é bom. Ele é o Rei, eu lhe digo".[7]

Resumindo, essa é a atração do discipulado. Quando seguimos Jesus, ele interfere em nossa vida. Mas eu pergunto: você sente um formigamento no corpo quando está perto de outra pessoa da mesma forma que sente quando se aproxima de Jesus? Onde mais gostaríamos de estar, a não ser na presença daquele que não se parece com nenhuma outra pessoa que viveu neste mundo?

---

[5] Notas não publicadas. Oak Brook, Ill.: Oak Brook Conference on Ministry: Renovating the Heart, nov. de 2005.

[6] "Mathetes." *Theological Dictionary of the New Testament*. Grand Rapids: Eerdmans, 1997, p. 441.

[7] *The Lion, the Witch, and the Wardrobe*. New York: Macmillan, 1957, p. 64. [*Crônicas de Nárnia: o leão, a feiticeira e o guarda-roupa*. São Paulo: Martins Fontes, 2006].

Exercício prático: Mantendo o Cristo desconcertante vivo diante de nós e em nós

No sentido mais simples, discípulo é o aprendiz de um mestre. Mas nós, como discípulos de Cristo, somos aprendizes do maior dos mestres. Quando Jesus viveu aqui na terra, os rabinos tinham discípulos que os consideravam a Torá viva — a regra da vida por inteiro. Somos aprendizes de Jesus — o Deus por inteiro. Nada deve nos atrair mais que a vida de Jesus e a maneira pela qual ele vive por meio de nós. Em outras palavras, a liderança gira em torno de quem somos em Cristo.

Este exercício prático destina-se a desenvolver um plano que sempre mantenha diante de nós o equilíbrio entre o medo e a fascinação pela pessoa de Jesus Cristo.

1. Avalie qual é sua situação atual com Jesus Cristo. Como você descreveria, com toda a sinceridade, quem Jesus Cristo é neste momento em sua vida? Assinale os itens que se aplicam a você.

   _____ Sinto-me atraído por ele.
   _____ Ele parece distante/longe demais.
   _____ Ele está sempre presente.
   _____ Preciso conhecê-lo melhor.
   _____ Estou gostando cada vez mais dele.
   _____ Quero aproximar-me dele.
   _____ Ele é espetacular.
   _____ Estou confuso a respeito dele.
   _____ Não tenho certeza do que ele exige de mim.
   _____ Ele é o amor da minha vida.
   _____ Minha vida é dividida em compartimentos.
   _____ Jesus é uma figura histórica para mim.
   _____ Ele é arrebatador.
   _____ Eu morreria por ele.
   _____ Outro: _____

Com base nos itens que você assinalou, escreva uma descrição de quem Jesus é para você e o lugar que ele ocupa atualmente em sua vida.

2. Você concorda ou discorda? Jesus continua a ser uma figura arrebatadora em nossa vida quando mantemos o equilíbrio entre o medo e a fascinação. Explique.

3. Como você pretende viver diante da luz reveladora da presença de Cristo, para que ele o tire da escuridão?

4. Dallas Willard escreve: "O discípulo de Jesus é alguém que está aprendendo com ele a viver no Reino de Deus como Jesus viveria se fosse o discípulo. O discípulo é alguém que está com ele, aprendendo a ser igual a ele". Que aspecto da pessoa de Jesus mais o fascina? Como essa qualidade poderia ser incluída em sua vida (por exemplo, como ele amou seus inimigos)?

> "A HISTÓRIA DE JESUS É A HISTÓRIA DE UMA CELEBRAÇÃO, UMA HISTÓRIA DE AMOR. [...] JESUS PERSONIFICOU A PROMESSA DE UM DEUS QUE NÃO MEDIRÁ ESFORÇOS PARA NOS TRAZER DE VOLTA. [...] O ROMANCISTA E CRÍTICO LITERÁRIO REYNOLDS PRICE EXPRESSOU DESTA MANEIRA: 'ELE DIZ COM A VOZ MAIS INTELIGÍVEL QUE TEMOS A FRASE PELA QUAL A HUMANIDADE ANSEIA NAS HISTÓRIAS — *O AUTOR DE TODAS AS COISAS ME AMA E ME DESEJA*'."
>
> Philip Yancey
> *O Jesus que eu nunca conheci*

5. A definição provocativa de Kittel acerca da palavra "discípulo" conclui que o discípulo "não deixa nenhuma dúvida quanto a quem está pondo em ação o poder modelador". Em sua vida, que atitudes você poderia tomar para não ter mais nenhuma dúvida de que Jesus está pondo em ação o poder modelador?

Em sua vida, que situações específicas de pensamentos, sentimentos ou ações demonstrariam seu desejo de que Jesus seja seu poder modelador?

Para um estudo mais aprofundado

LEWIS, C. S. *Cristianismo puro e simples*. São Paulo: Martins Fontes, 2005.

YANCEY, Philip. *O Jesus que eu nunca conheci*. São Paulo: **Vida**, 2006.

8

ACEITANDO O REINO

INDICAÇÕES PRELIMINARES

Texto para memorizar: Marcos 1.14,15
Estudo bíblico: Mateus 11.1-13
Leitura complementar: Os que aceitam prontamente o Reino de Deus
Exercício prático: Avaliando a visão do Reino

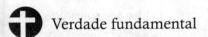 Verdade fundamental

Qual é a fé professada pelos discípulos líderes?

O fundamento da liderança cristã está em aceitar a realidade e as regras do Reino de Deus com fidelidade e adaptar-se firmemente a elas. Esse Reino é a presença e o poder de Deus agindo na personalidade e cultura humanas, para realizar a gloriosa renovação da vida.

1. Identifique as principais palavras ou expressões da questão e resposta acima e explique o significado de cada uma delas.

2. Repita a verdade fundamental com suas palavras.

3. Que perguntas ou questões a verdade fundamental provoca em você?

Guia de estudo do texto para memorizar

Copie o texto inteiro aqui:

_____
_____
_____
_____
_____
_____
_____
_____
_____
_____
_____
_____
_____
_____
_____
_____
_____
_____

Texto para memorizar: Marcos 1.14,15

A natureza e chegada iminente do Reino de Deus é o principal tema no ministério de Jesus e o alicerce da liderança cristã. O texto para memorizar oferece-nos um resumo maravilhoso desses princípios.

1. *Entendendo o contexto.* Nesta passagem do evangelho de Marcos, temos o primeiro vislumbre do ministério de Jesus. Ela vem logo depois de Jesus ter chamado os primeiros discípulos. Por que esses versículos são importantes para você entender a mensagem e o ministério de Cristo?

2. Aparentemente, Jesus começou seu ministério "proclamando as boas novas de Deus". O que você entende por "boas novas de Deus"?

3. Jesus associa as "boas novas" à chegada do "Reino de Deus". O que a expressão "Reino de Deus" significa para você ou lhe traz à mente?

4. Que mensagem Jesus queria transmitir ao dizer "o Reino de Deus está próximo"?

5. Tanto no ministério de Jesus como no ministério de seu primo João (v. 4), o arrependimento é enfatizado várias vezes. Em sua opinião, por que o arrependimento é essencial para nos apoderarmos das boas-novas do Reino?

Guia de estudo bíblico dirigido

Estudo bíblico: Mateus 11.1-13

João Batista é considerado por Cristo e pela Igreja como o maior profeta de todos os tempos. Em todas as suas mensagens, ele ressaltou o relacionamento de Deus com seu povo no Antigo Testamento e a Nova Aliança a ser revelada em Jesus. Lemos em João 1.29-36 que João Batista exortou Israel e o mundo a reconhecerem Jesus como "o Cristo" — o Salvador ("Cordeiro de Deus") e Senhor ("Filho de Deus"). João batizou Jesus pouco antes do início do ministério público de Jesus e submeteu seu ministério ao verdadeiro Rei.

1. Logo após ser preso por Herodes, João enviou alguns de seus seguidores para fazerem uma pergunta a Jesus. Qual foi a pergunta (v. 2,3) e o que a teria motivado?

    Houve algum momento em que você questionou a identidade de Jesus? Como estava sua vida na ocasião?

2. Como Jesus respondeu à pergunta de João (v. 4-6), e que mensagem ele estava tentando transmitir?

3. Observe como Jesus descreve o que acontecerá com a chegada do Reino de Deus (v. 5). Onde ou como você sentiu os efeitos do Reino em sua vida?

4. Apesar das dúvidas e conflitos que João possa ter tido, o que Jesus diz a respeito da posição elevada de João (v. 11)?

5. Jesus diz que o testemunho de João marca o início da proclamação do Reino e que os seguidores de João serão maiores que o próprio João. Observe a expressão provocativa — "tomado à força" — que Jesus usa para descrever o caráter e o compromisso daqueles que se apoderam do Reino (v. 12). Como isso se manifesta em sua vida?

> "É PRECISAMENTE QUANDO TODAS AS ESPERANÇAS DESTE MUNDO JÁ FORAM EXPLORADAS E DEIXARAM A DESEJAR, [...] QUANDO, NO FRIO TIRITANTE, O ÚLTIMO [GRAVETO] FOI ATIRADO NO FOGO [...] QUE A MÃO DE CRISTO SE ESTENDE, FIRME E SEGURA. ENTÃO AS PALAVRAS DE CRISTO TRAZEM UM CONFORTO INEXPLICÁVEL, E SUA LUZ BRILHA COM O MÁXIMO ESPLENDOR, ELIMINANDO A ESCURIDÃO PARA SEMPRE. AO ENCONTRAR NAS COISAS TERRENAS SOMENTE DECEPÇÃO E INSIGNIFICÂNCIA, A ALMA É COAGIDA A [VOLTAR-SE PARA] DEUS E A DESCANSAR FELIZ NELE."
>
> Malcolm Muggeridge
> *The End of Christendom*

6. Que perguntas ou questões esta passagem provoca em você?

Leitura complementar: Os que aceitam prontamente o Reino de Deus

Em seu livro *A conspiração divina*, Dallas Willard conta a história de sua juventude, uma história de grande ajuda para compreendermos a importância de nosso estudo do Reino de Deus e sua relação com o papel dos líderes cristãos.

> Na infância, morei em uma região no sul do Missouri onde conhecíamos a eletricidade apenas na forma de raios. E isso nos bastava. Quando eu cursava o último ano do colégio, a empresa de eletrificação rural estendeu suas linhas até a região onde morávamos, fornecendo luz elétrica às casas e fazendas. Quando as linhas chegaram à nossa fazenda, a vida mudou completamente para nós. Nossa convivência com os aspectos fundamentais da vida — luz do dia e escuridão, quente e frio, limpo e sujo, trabalho e lazer, cozinhar e servir a comida — mudou substancialmente para melhor. Mas ainda precisávamos acreditar na eletricidade e seus esquemas, entendê-la e tomar atitudes práticas para *confiar* nela.
>
> Algumas pessoas, claro, viram imediatamente os excelentes benefícios e tomaram medidas para ter acesso a eles. Para outras, porém, a transição para o novo mundo foi muito mais lenta e incompleta.
>
> Aqueles fazendeiros [...] de fato, ouviram a mensagem: "Arrependam-se, porque a eletricidade está à mão". Arrepender-se significa abandonar lampiões e lanternas a querosene, caixas de gelo e adegas, tábuas de lavar roupa e batedores de tapete, máquinas de costura manuais e rádios de pilha seca. A força que poderia melhorar a vida deles estava bem próxima, bastando apenas algumas providências relativamente simples para poderem utilizá-la. Curiosamente, alguns não a aceitaram. Não "entraram no reino da eletricidade". Alguns não quiseram mudar. Outros não tinham condição de arcar com as despesas, ou assim pensaram.[1]

O que essa dicotomia diz sobre a perspectiva dos líderes e a parte que lhes cabe em ajudar outras pessoas a promover as mudanças necessárias para entrar no novo Reino que Cristo traz? Talvez uma lição de ciências sociais esclareça mais este assunto.

A DIFUSÃO DOS REINOS

Os padrões das mudanças tecnológicas e sociais têm fascinado os sociólogos ao longo de décadas. A obra clássica no gênero é um estudo de 1962, de Everett Rogers, intitu-

---

[1] *The Divine Conspiracy*. San Francisco: HarperSanFrancisco, 1998, p. 30-1 [*A conspiração divina*. São Paulo: Mundo Cristão, 2005].

lada *The Diffusion of Innovations* [A difusão das inovações]. Nessa obra, Rogers argumenta que uma grande mudança é sempre sustentada por um pequeno grupo de pessoas — uma minoria de 13% da população — a quem ele classifica como grupo dos "já aceitei". Essas pessoas percebem facilmente uma boa oportunidade para inovar. Muito antes de haver um movimento visível para aceitar a inovação, esses "líderes sociais" enxergam suas implicações e começam a programar a vida em torno disso. Na verdade, eles pagam para ter um fio de eletricidade conectado à sua casa ou empresa. Antes de instalar as placas iluminadas, eles promovem as mudanças necessárias para adaptar-se à nova situação.

Os discípulos líderes podem ser considerados, de certa forma, como pertencentes ao grupo dos "já aceitei" o Reino de Deus. Eles não nasceram no Reino. Pela graça, contudo, despertaram para as possibilidades criadas, porque a presença e o poder de Deus estão verdadeiramente "à mão" ou "iminentes" — isto é, o poder de Deus está *acessível* a todos os que cooperam com ele.

A Bíblia apresenta uma brilhante manifestação da obra de Deus por meio dessas pessoas. Noé adaptou-se corajosamente à realidade do julgamento iminente de Deus, embora ninguém mais acreditasse. Moisés aceitou o "novo" Deus que estava determinado a libertar seu povo da escravidão, apesar da descrença do faraó e da maioria dos egípcios e hebreus. Samuel adaptou-se ao novo tipo de rei que Deus escolheria para seu povo, e ungiu um jovem e franzino pastor de ovelhas, chamado Davi, em vez de escolher outros candidatos mais qualificados para o trono. Neemias preparou um esquema extraordinário para atender ao chamado de Deus de reconstruir Jerusalém, fato esse que quase ninguém mais acreditava ser possível. Todos esses líderes reconheceram (aceitaram) e confiaram na presença e no poder de Deus (adaptaram-se a eles), acreditando que ele faria o que parecia ser impraticável ou impossível.

As histórias de William Wilberforce, Carl e Hud (contadas no cap. 6) são provas de que essa tendência continua. Vemos isso na obra da Chuck Colson's Prison Fellowship [Comunidade Prisional de Chuck Colson], regenerando a vida dos presos ao redor do mundo de uma forma que poucos acreditavam ser possível. Vemos também um exemplo semelhante na história de "Mama Maggie" Gobran, ex-professora universitária, que, em resposta ao chamado de Deus, levou esperança e saúde a milhares de crianças que viviam nos depósitos de lixo de Cairo, no Egito. Quando temos olhos para enxergar, descobrimos que Deus nos dá uma visão do que ele pode fazer com discípulos dispostos a responder ao chamado de seu Reino.

Em nenhum outro lugar, contudo, essa tendência é mais vívida que no Novo Testamento. Ao descrever o início do ministério público de Jesus, Marcos diz:

Depois que João foi preso, Jesus foi para a Galileia, proclamando as boas novas de Deus. "O tempo é chegado", dizia ele. "O Reino de Deus está próximo. Arrependam-se e creiam nas boas novas!" (1.14,15).

Em outras palavras: "Algo *novo* está acontecendo. Adaptem-se a isso!". Ao proclamar o Reino, Jesus declarou que, com sua vinda, o poder e a presença absolutos do Deus invisível haviam ligado um cabo de milhões e milhões de watts à vida humana. Para quem estivesse disposto a permanecer ligado a ele, a vida começaria a mudar em todos os níveis imagináveis.

O evangelho de Mateus descreve as primeiras pessoas que começaram a aceitar essa grande inovação e a adaptar-se a ela:

Andando à beira do mar da Galileia, Jesus viu dois irmãos: Simão, chamado Pedro, e seu irmão André. Eles estavam lançando redes ao mar, pois eram pescadores. E disse Jesus: "Sigam-me, e eu os farei pescadores de homens". No mesmo instante eles deixaram as suas redes e o seguiram (4.18-20).

A LIDERANÇA EXIGE UM CONCEITO CLARO DO REINO

Essas lições evidenciam que os líderes cristãos precisam ter um conceito claro da "suprema realidade" — do mundo como ele realmente é e como será. Jesus diz que aquilo que aparentemente funcionou no mundo anterior (antes de Jesus) não funcionará neste mundo em evolução. E as pessoas determinadas a fazer parte das forças mais influentes no céu e no mundo compreenderão o que é novo e o aceitarão. Jesus explicou desta maneira: "Desde os dias de João Batista até agora, o Reino dos céus é tomado à força, e os que usam de força [isto é, os líderes] se apoderam dele" (Mateus 11.12).

Uma comparação secular talvez esclareça melhor o assunto. Conforme Thomas Friedman afirma em seu livro *O mundo é plano,*[2] os líderes competentes nas atuais indústrias de produtos, tecnologia e serviços entendem a natureza evolutiva do mercado global. Entendem que as perspectivas provincianas que lhes permitiram ter lucros no passado não funcionarão no futuro. Usam, então, a força para apoderar-se dos meios e para adaptar-se ao novo mundo.

Os líderes cristãos também devem usar a força nesse sentido. Jesus declarou nos Evangelhos a existência de um Rei e um Reino supremos, cujas regras e caminhos são predominantemente bons e que, um dia, prevalecerão. Se não nos adaptarmos a eles, seremos perdedores. Conforme Dallas Willard sustenta, ser discípulo de Jesus pode ter um alto preço, mas o preço de não ser seu discípulo é muito mais

---

[2]   Rio de Janeiro: Objetiva, 2005.

alto. É como viver em uma comunidade rural que não quer adaptar-se à existência da eletricidade. Talvez muitos de nossos vizinhos pensem assim, mas a vida tal qual a conhecemos será superada pelo novo. E seremos considerados tolos por não nos adaptar à inevitável realidade que revoluciona a vida.

Os líderes cristãos estão dispostos a compreender a natureza dos princípios do Reino de Deus e viver de acordo com eles. As perguntas que os motivam são: Qual é a natureza desse Reino, e como devo trabalhar para levá-lo adiante? Para ajudar-nos a responder a essas perguntas, a Bíblia usa vários conceitos absolutamente fundamentais para a visão dos líderes cristãos.

O Reino de Deus abrange muito mais que a Igreja. Os pastores precisam arrepender-se da ideia de que Deus cuida, acima de tudo, do que acontece nos templos. Por quê? Porque Jesus, nosso líder exemplar, não concentrou a atenção na Igreja. Infelizmente, costumamos viver como se Jesus tivesse dito: "Porque Deus tanto amou a Igreja que deu o seu Filho Unigênito" (cf. João 3.16). Mas Jesus não disse isso. Ele ama sua Igreja. Sua visão, porém, para

> "TENHO A OUSADIA DE ACREDITAR QUE OS POVOS DO MUNDO INTEIRO PODERÃO RECEBER TRÊS REFEIÇÕES POR DIA PARA O CORPO; EDUCAÇÃO E CULTURA PARA A MENTE; E DIGNIDADE, IGUALDADE E LIBERDADE PARA O ESPÍRITO. CREIO QUE AQUILO QUE OS HOMENS EGOÍSTAS DESTRUÍRAM, OS HOMENS ALTRUÍSTAS PODERÃO RECONSTRUIR."
>
> Martin Luther King Jr.
> *Strenght to Love*

"o mundo" é muito mais ampla que para a Igreja. Cristo deu à sua amada Igreja a missão especial de proclamar o Reino de Deus (isto é, o caminho e a vontade de Deus) "pelo mundo" (Marcos 16.15). A principal preocupação de Deus em relação ao que se passa sob o teto da igreja é a forma pela qual ela nos capacita a viver em casa, no trabalho, na escola ou em outros lugares. Observe o tempo relativamente curto que Jesus passa ensinando nas sinagogas ou nas áreas do templo, e o tempo muito mais longo que ele passa ensinando o povo em casas ou povoados.

O Reino de Deus concentra-se na renovação radical da vida. Jesus diz que o Reino tem por finalidade devolver ao mundo a saúde e a integridade com as quais ele começou. Jesus disse: "Pois o Filho do homem veio buscar e salvar o que estava perdido" (Lucas 19.10). "[...] eu vim para que tenham vida, e a tenham plenamente" (João 10.10). Deus está completamente comprometido em endireitar os erros ocorridos após a Criação e trabalha ativamente contra tudo aquilo que resista a repará-los.

Às vezes, essa obra é mencionada em termos de *cura*.

Jesus ia passando por todas as cidades e povoados, ensinando nas sinagogas, pregando as boas novas do Reino e curando todas as enfermidades e doenças (Mateus 9.35).

[Jesus] os enviou a pregar o Reino de Deus e a curar os enfermos (Lucas 9.2).

Mas as multidões ficaram sabendo, e o seguiram. Ele as acolheu, e falava-lhes acerca do Reino de Deus, e curava os que precisavam de cura (v. 11).

"Curem os doentes que ali houver e digam-lhes: O Reino de Deus está próximo de vocês" (10.9).

Em outras ocasiões, a obra do Reino é mencionada em termos de *expulsar o mal*. Em outras palavras, expulsar aquilo que se opõe ao Reino benevolente de Deus. Jesus disse: "Mas se é pelo Espírito de Deus que eu expulso demônios, então chegou a vocês o Reino de Deus" (Mateus 12.28; v. tb. Lucas 11.20).

Os líderes cristãos, portanto, não devem interessar-se, acima de tudo, em iniciar ou administrar organizações — seja na igreja, seja na sociedade. Eles não se concentram em dirigir comitês nem em desenvolver planos de ação (por mais importantes que sejam). No fundo, os líderes cristãos dispõem-se a trabalhar em prol da completa renovação da vida humana e deste mundo criado por Deus. Em outras palavras, eles talvez se envolvam com a hospitalida-de da igreja ou com pequenos grupos, mas seu objetivo primordial não é aumentar o número de membros na igreja. O objetivo primordial é cooperar com o plano de Deus de curar o conflito entre Deus e os seres humanos e entre uma pessoa e outra. Os líderes cristãos podem até trabalhar como voluntários em um programa de combate à fome em uma comunidade ou em outras obras de caridade, mas têm o compromisso de deixar a sociedade um pouco mais bondosa e gentil. Estão cooperando com Deus para expulsar o mal que avilta as criaturas e a criação que Deus tanto ama. Podem até reciclar objetos ou defender a sociedade em que vivem, mas seu verdadeiro interesse não é simplesmente retardar o aquecimento global nem reduzir o número de animais de estimação indesejáveis. Seu verdadeiro interesse é restaurar os cuidados para com a Terra, ordenados por Deus na Criação (Gênesis 1—2). De todas essas maneiras e muito mais, os líderes cristãos dedicam-se a fazer sua parte para levar adiante o plano do Rei de reconciliar os relacionamentos, estabelecer paz e justiça, redimir e renovar completamente a vida em todos os níveis.

O Reino de Deus determina o sucesso dos empreendimentos humanos. Os líderes cristãos, conforme descrevemos, estão comprometidos com alguns resultados muito ambiciosos. No entanto, sabem muito bem qual é a Fonte da renovação que buscam. Lemos no Antigo Testamento:

"Teus, ó Senhor,

    são a grandeza, o poder,

    a glória, a majestade e o esplendor,

    pois tudo o que há

    nos céus e na terra é teu.

Teu, ó Senhor, é o reino;

tu estás acima de tudo" (1Crônicas 29.11).
O Senhor firmou o reino de Josafá, e todo o
Judá lhe trazia presentes, de maneira que teve
grande riqueza e honra (2Crônicas 17.5).
E o reino de Josafá manteve-se em paz,
pois o seu Deus lhe concedeu paz em todas as suas fronteiras (20.30).

Os líderes cristãos não se limitam a
concordar com a direção de Deus quando
aceitam dirigir um empreendimento humano. Eles entendem que, embora seja difícil
de suportar, o trabalho está em harmonia
com a vontade de Deus. Sua liderança é
marcada por uma busca sincera pela direção de Deus. Eles se dedicam a orar por
longos períodos e exigem o mesmo de suas
equipes. Permanecem abertos a mudanças
de rumo de acordo com a orientação de
Deus. Não dependem da sinceridade dos
seres humanos, mas da genialidade divina.
Conforme Jesus exemplificou para seus discípulos líderes, a exclamação consistente da
vida do líder cristão é: "Venha o teu Reino;
seja feita a tua vontade" (Mateus 6.10; v.
tb. 26.42).

*O Reino desenvolve-se organicamente, não
mecanicamente*. Os conceitos do mundo
sobre liderança em geral estimulam autoridade e controle, sistemas e estruturas,
planejamento de produção e outros me-
canismos administrativos. Evidentemente,
não se pode deixar de dar atenção aos
métodos organizacionais. Mas os líderes
cristãos precisam compreender que o Reino de Deus quase sempre resiste às ideias
populares de administração.

- Os líderes do Reino concentram-se
  em plantar pequenas sementes. Certa vez, Jesus perguntou:

"Com que compraremos o Reino de Deus?
Que parábola usaremos para descrevê-
lo? É como um grão de mostarda, que é
a menor semente que se planta na terra.
No entanto, uma vez plantado, cresce e
se torna a maior de todas as hortaliças,
com ramos tão grandes que as aves do céu
podem abrigar-se à sua sombra" (Marcos
4.30-32).

Os líderes cristãos preocupam-se, claro, em obter bons resultados. Sabem, no
entanto, que as mais importantes mudanças ocorrem em consequência do esforço
concentrado em torno de pequenos investimentos feitos com ótimas "sementes".
Por isso, eles se preocupam menos em "fazer tudo certo" e mais em "fazer o que é
certo". Mantêm viva esperança de que talvez o próximo investimento crie um ponto

culminante, capaz de promover a mudança desejada.

- Os líderes do Reino concentram-se em relacionamentos. Seguindo o exemplo de Jesus, eles dedicam grande parte do tempo para cuidar de pessoas ou orientá-las. Acreditam que a preocupação com o ser humano produz resultados muito melhores do que a atenção obsessiva a programas e produção. Conforme Reggie McNeal me disse (Dan), os líderes cristãos preocupam-se mais em "preparar pessoas por meio do trabalho" que "preparar o trabalho por meio de pessoas". Acreditam que pequenos atos de honestidade e amor mediante os quais eles exercem a liderança são mais importantes que resultados aparentes. Sabem que seu maior legado não será a empresa imponente que construíram, mas as excelentes pessoas que levarão adiante o testemunho e a obra do Reino de Deus.
- Os líderes do Reino confiam a colheita a Deus. Os líderes cristãos entendem que nem todas as sementes que plantarem criarão raízes e brotarão. Eles se concentram mais em semear com fé do que em colher com avidez. Preparam-se para alguns fracassos aparentes. Aprenderam com

Jesus que o joio cresce misturado ao trigo, por isso não esperam perfeição nas pessoas nem nos ministérios que lideram. Entendem também que Deus pode estar trabalhando de forma invisível em um plano mais sábio que o deles. Assim como o apóstolo Paulo, eles entendem que receberam a missão de plantar e regar da melhor forma possível, mas é Deus quem faz a semente crescer (cf. 1Coríntios 3.6) e determina o tempo para a grande colheita.

A LIDERANÇA EXIGE MUDAR DE REINO

Embora mantenham essa tranquilidade, os líderes cristãos não agem passivamente. Sabem que o Reino não está em sintonia com o andamento das coisas deste mundo. Da mesma forma que são necessárias grandes mudanças para entrar no "reino da eletricidade", os líderes cristãos entendem que, para viver no Reino de Deus, são necessárias mudanças radicais na maneira pela qual os seres humanos encaram a vida. Os líderes cristãos sabem que Jesus sempre relacionou seus ensinamentos a respeito do Reino com um chamado para o arrependimento (Marcos 1.14,15).

Se quisermos entrar no Reino de Deus, Jesus disse, teremos de abandonar algumas redes de pesca (v. 18). Teremos de abandonar algumas responsabilidades assumidas anteriormente (Lucas 9.59,60). Teremos de mudar algumas formas de comportamento (Mateus 18.3). Teremos de nascer de novo (João 3.3), jogar fora as vasilhas de couro velhas e trocá-las por novas (Lucas 5.37,38), abandonar a segurança conquistada (18.24,25). Para entrar no Reino de Deus, precisamos lidar com dinheiro, apetites, inimigos e prioridades de maneira diferente daquela usada pelo reino deste mundo coberto de trevas.

Os líderes cristãos entendem que, embora "Jesus Cristo [seja] o mesmo, ontem, hoje e para sempre" (Hebreus 13.8), todos nós precisamos *mudar*! Os líderes precisam, claro, ser cautelosos para não mudar apenas por mudar ou para deixar sua marca em tudo. (Isso ocorre com muita frequência!) No entanto, os líderes cristãos estão sempre perguntando: "Que mudanças precisamos fazer para colaborar com o que Deus está realizando aqui? Será que estamos seguindo a mentalidade deste mundo ao lidar com este assunto (ou pessoa)? O que precisamos abandonar ou reter a fim de nos adaptarmos melhor à visão e aos valores do Reino de Deus?".

> "UM VISITANTE DE OUTRO PAÍS FEZ CERTA VEZ ESTE COMENTÁRIO A RESPEITO DAS IGREJAS DOS ESTADOS UNIDOS: 'VOCÊS, AMERICANOS, SE PREOCUPAM MUITO COM A FELICIDADE, COMO SE NOSSOS REINOS FOSSEM O PONTO CENTRAL DOS PLANOS DE DEUS, E NÃO COMO SE O REINO DE DEUS FOSSE O NOSSO PONTO CENTRAL'."
>
> Evelyn Bence
> *Christianity Today*

A LIDERANÇA EXIGE COMPROMISSO COM O REINO

É difícil ter compromisso com o Reino. Assim como o discipulado, a liderança do Reino sempre tem um preço alto. Exige tempo e esforço. Resulta em críticas e conflitos. Às vezes, parece ser extremamente lento ou confuso. Mas Jesus disse:

> "O Reino dos céus é como um tesouro escondido num campo. Certo homem, tendo-o encontrado, escondeu-o de novo e, então, cheio de alegria, foi, vendeu tudo o que tinha e comprou aquele campo. O Reino dos céus também é como um negociante que procura pérolas preciosas. Encontrando uma pérola de grande valor, foi, vendeu tudo o que tinha e a comprou" (Mateus 13.44-46).

Vale a pena pagar o preço para fazer parte do Reino de Deus, por mais alto que seja. Fazer parte da genuína transformação, mesmo que seja de uma alma; dedicar a vida para construir algo que certamente durará muito mais que qualquer instituição humana; ficar lado a lado com Jesus sob o jugo que conduz as pessoas a ter uma vida plena; saber que a presença e o poder de Jesus se movimentam em nós e por meio de nós; ser um administrador amado na companhia dos santos cujas participação e influência se estendem por todas as raças, sexos e tempos; estar, por fim, diante do grande Inovador, o Líder supremo, e ouvi-lo dizer: "Muito bem!", esse é o maior prêmio da liderança cristã. Vale a pena pagar o preço. Jesus afirmou:

> "Digo-lhes a verdade: Ninguém que tenha deixado casa, mulher, irmãos, pai ou filhos por causa do Reino de Deus deixará de receber, na presente era, muitas vezes mais, e, na era futura, a vida eterna" (Lucas 18.29,30).

A verdade é esta: o Reino do poder divino de Deus está ao alcance de todos. Está mais perto de nós que as batidas de nosso coração. Deus deseja iluminar o mundo inteiro e redimir da escuridão todo aquele que se dispuser a isso. Ele está transformando um planeta de choupanas sombrias em uma cidade extremamente brilhante (cf. Apocalipse 21.1-5; 22.5). E a notícia mais maravilhosa é que nós, os líderes cristãos, fazemos parte dessa renovação.

Exercício prático: Avaliando a visão do Reino

1. Em que situações você nota evidências em si mesmo ou nos outros de que o Reino de Deus foi reduzido ao que ocorre dentro das igrejas?

2. Pense por alguns instantes na maneira pela qual você tende a considerar a liderança. Complete a seguinte sentença: Aqueles que me conhecem muito bem diriam que minha liderança é motivada principalmente pelo desejo ardente de:
   - estar no comando ou progredir de alguma forma
   - realizar reuniões de comissão
   - organizar dados, recursos, pessoas ou atividades
   - renovar a qualidade de vida em alguma parte do mundo
   - outra _____

   Se você tivesse de avaliar a missão da equipe de ministério ou organização sob sua liderança em termos de renovação radical (por exemplo, curar enfermos ou expulsar demônios), como a descreveria?

3. Que disciplinas ou atividades específicas você exercita para assegurar que sua liderança se fundamenta no princípio de que "o Rei e seu Reino determinam o sucesso dos empreendimentos humanos"? Se esse princípio não estiver em vigor, quando e onde você o porá em prática?

4. Se for verdade que o Reino se desenvolve organicamente (não mecanicamente), então
   - Que pequenas "sementes" você está (ou poderia estar) plantando, as quais um dia se tornarão árvores grandes?

   - Na questão de relacionamentos, em que você se concentra? Quais são as pessoas específicas em quem você está (ou poderia estar) plantando a semente neste momento? Liste-as.

- Em uma escala de 1 a 10 (1 = "nenhuma" e 10 = "total"), como você avaliaria sua confiança em Deus para obter uma colheita no trabalho que está liderando?

  Nenhuma   1   2   3   4   5   6   7   8   9   10   Total

  O que torna isso fácil ou difícil para você?

5. Para entrar completamente no Reino de Deus, é necessário arrepender-se. Reflita no significado destas frases para você ou para a equipe com a qual você trabalha.

   - O que eu (nós) preciso (precisamos) modificar para colaborar com o que Deus deseja fazer aqui?
   - Será que eu (nós) estou (estamos) seguindo a mentalidade deste mundo ao lidar com as pessoas ou assuntos que enfrento (enfrentamos)?
   - O que eu (nós) preciso (precisamos) abandonar ou reter para o Reino de Deus a fim de liderar com mais eficiência?

6. Faça uma análise simples do custo/benefício de seu envolvimento na obra do Reino, como faria com qualquer outro investimento importante.

   <u>Custo</u>   <u>Benefício</u>

7. A leitura convenceu, desafiou ou confortou você? Por quê?

Para um estudo mais aprofundado

WILLARD, Dallas. *A conspiração divina*. São Paulo: Mundo Cristão, 2007.

EVANS, Tony. *The Kingdom Agenda: What a Way to Live*. Chicago: Moody Publishers, 2006.

ROGERS, Mike C. & KING, Claude V. *The Kingdom Agenda: Experiencing God in Your Workplace*. Nashville: Lifeway Press, 1997.

9

AJUDANDO OS OUTROS A VER

Indicações preliminares

Texto para memorizar: Provérbios 29.18
Estudo bíblico: Mateus 10.5-31
Leitura complementar: A paixão e as práticas da liderança visionária
Exercício prático: Criando um plano para desenvolver a visão do líder

 Verdade fundamental

Qual é a essência da liderança visionária de acordo com a perspectiva cristã?

Liderança visionária é a arte de descrever o futuro preferido de Deus para as pessoas a fim de inspirar almas e revigorar suas escolhas. Ajuda também as pessoas a ter autodisciplina e a discernir os princípios e práticas específicos que Deus usa para transformar aquele sonho em realidade.

1. Identifique as principais palavras ou expressões da questão e resposta acima e explique o significado de cada uma delas.

2. Repita a verdade fundamental com suas palavras.

3. Que perguntas ou questões a verdade fundamental provoca em você?

Guia de estudo do texto para memorizar

Copie o texto inteiro aqui:

_____
_____
_____
_____
_____
_____
_____
_____
_____
_____
_____
_____
_____
_____
_____
_____
_____
_____

Texto para memorizar: Provérbios 29.18

Liderança é a arte de multiplicar influência por meio de *outras* pessoas. Por mais importante que seja ter uma visão *própria* do Reino, só seremos verdadeiros líderes quando ajudarmos os outros a entender a visão de Deus e viver de acordo com ela. O texto acima deixa claro por que isso é tão importante.

1. *Entendendo o contexto*. O livro de Provérbios é tradicionalmente considerado uma antologia da sabedoria do rei Salomão de Israel, um líder muito experiente. Leia a lista das máximas de liderança nos versículos 1 a 17. Quais são alguns dos princípios de liderança transferíveis que você observou no texto?

2. A versão *King James* do texto para memorizar diz: "Onde não há visão, o povo perece; mas feliz é aquele que obedece à lei" [tradução literal]. Descreva a importância que Salomão atribui a um povo de "visão". (O que ele diz ocorrer quando não há visão?)

3. A versão *Almeida Revista e Atualizada* do mesmo texto diz que, sem visão, "o povo se corrompe". Como a falta de visão pode corromper alguém?

4. A *Nova Versão Internacional* diz que, sem visão, "o povo se desvia". Qual é a ligação entre ter uma visão clara e desviar-se?

5. Salomão conclui que, quando o povo tem uma visão clara de Deus, "obedece à lei" (isto é, põe em prática os planos de Deus), e isso, por sua vez, conduz à felicidade. Você já presenciou a visão produzir ação e maior felicidade entre um grupo de pessoas? Quando?

Guia de estudo bíblico dirigido

Estudo bíblico: Mateus 10.5-31

A passagem para este estudo descreve como Jesus, o Líder supremo, prepara e envia os Doze para a obra para a qual eles foram chamados. O texto ajuda-nos a entender que, para ser líderes de visão, precisamos oferecer às pessoas mais que um quadro geral da necessidade a ser atendida ou do resultado desejado. Significa ajudá-las a enxergar o caminho prático e específico que elas usarão para buscar essa visão.

1. O que Jesus diz acerca do *público-alvo* ao qual os Doze foram enviados (v. 5,6)?

2. Que mensagem específica os discípulos deviam transmitir por onde andassem (v. 7)?

3. Que *atos práticos* Jesus ordena que eles realizem para tornar real aquela mensagem (v. 8)?

> "As pessoas não seguem programas; são os líderes que as estimulam. As pessoas agem quando uma visão incute nelas uma esperança incontida de algo maior que elas próprias, uma esperança de realização que nunca ousaram desejar. E a esperança é passada de uma pessoa a outra. [...] A esperança irrompe em chamas quando os líderes começam a agir."
>
> John White
> *Excellence in Leadership*

4. Que *informações e instruções de relacionamento com o povo* Jesus lhes dá para suprir suas necessidades (v. 9-12)?

5. Quais são algumas das *expectativas realistas* que Jesus apresenta com referência aos problemas que os Doze enfrentarão (v. 13-15,17,18)?

6. Que *orientações para lidar com a adversidade* Jesus dá aos discípulos? Em outras palavras, em que princípios, garantias ou estratégias eles devem apoiar-se em situações adversas (v. 14-16,19-31)?

7. Em resumo, como Jesus nos dá o exemplo de liderança visionária?

8. Que perguntas ou questões essa passagem provoca em você?

Leitura complementar: A paixão e as práticas da liderança visionária

Se Deus mantivesse arquivos da história da humanidade, uma das pastas mais volumosas se chamaria "Cegueira". A pasta incluiria milhões de histórias que ilustram a capacidade dos humanos, às vezes trágica, às vezes cômica, de deixar escapar as oportunidades diante deles, e de fazer isso com uma segurança quase surpreendente.

Por exemplo, certa vez uma autoridade dos Estados Unidos declarou que a chegada da ferrovia forçaria a construção de muitos hospícios! Ela estava convencida de que o povo enlouqueceria de medo ao ver as locomotivas correndo a toda velocidade. Em 1870, ao dirigir-se a um grupo de metodistas em Indiana, um orador apresentou uma visão diferente sobre o transporte: "Creio que estamos chegando a um tempo de grandes invenções [...] quando os homens voarão como pássaros". "Que heresia!", exclamou o bispo sentado à cabeceira da mesa. "Deus reservou aos anjos a capacidade de voar!" Em seguida, o bispo Wright voltou para casa e contou aos dois filhos, Wilbur e Orville, que as coisas jamais mudariam!

Em 1899, Charles Duell, diretor do Departamento de Patentes dos Estados Unidos, apresentou um pedido ao presidente do país para que fechasse aquele órgão, dizendo: "Tudo o que poderia ser inventado já foi inventado". Em 1923, Robert Millikan, ganhador do Prêmio Nobel de Física, declarou: "Não existe nenhuma possibilidade de que o homem possa um dia explorar o poder do átomo".

Esta é uma de nossas favoritas. Logo a seguir ao sucesso estrondoso dos Beatles, John Lennon construiu uma linda casa para sua mãe, perto dos penhascos de Dover. John colocou em cima da cornija da lareira uma placa de metal polido na qual estavam gravadas as palavras que ouvira da mãe quase todos os dias enquanto crescia: "Tocar guitarra e cantar é ótimo, John, mas você nunca será capaz de ganhar a vida com isso".

O PAPEL E AS ONDULAÇÕES DE QUEM SONHA O IMPOSSÍVEL

Onde estaríamos sem os visionários deste mundo? Onde estaríamos sem aqueles que se dispõem a resistir a todos os motivos apresentados para alguma coisa não ser feita e que se atrevem a dizer "Vamos em frente"? A resposta, conforme o rei Salomão declara em Provérbios 29.18, é que pereceríamos. A vida, conforme Deus planejou — a vida do Reino — enfraquece quando não há visão. Aqueles que têm uma visão específica de um futuro bom comandam as mudanças que capacitam as pessoas a percorrer longas distâncias, curar enfermos e compor músicas capazes de inspirar o coração do ser humano.

Robert F. Kennedy, parafraseando uma obra de George Bernard Shaw, declarou: "Algumas pessoas veem as coisas como são e perguntam por quê? Eu sonho com coisas que nunca existiram e pergunto *por que não?*".[1] Os discípulos líderes também são sonhadores. Sentem-se impelidos pela visão de um futuro que Deus lhes mostrou — uma coisa boa, uma manifestação da vida do Reino — que só se tornará real se as pessoas se dedicarem a ela. Talvez esse futuro seja uma mudança na família ou na igreja. Talvez seja uma nova realidade em sua organização ou local de trabalho. Talvez seja uma possibilidade para atender às necessidades de um vizinho ou da comunidade. Seja qual for a circunstância, é a persistência do líder em articular essa visão que ajuda a tirar as pessoas da letargia natural que as mantém presas neste mundo deteriorado.

> "CADA VEZ QUE UM HOMEM DEFENDE UM IDEAL, OU AGE PARA MELHORAR O DESTINO DE OUTRAS PESSOAS, OU LUTA CONTRA A INJUSTIÇA, ELE TRANSMITE UMA PEQUENA ONDA DE ESPERANÇA. DE DIFERENTES CENTROS DE ENERGIA E INTREPIDEZ PARTEM ONDAS QUE, AO SE CRUZAREM, FORMAM UMA CORRENTE QUE PODE DERRUBAR AS PAREDES MAIS PODEROSAS DA OPRESSÃO E DA RESISTÊNCIA."
>
> Robert F. Kennedy
> Trecho do discurso proferido aos jovens sul-africanos no Dia da Afirmação, em 1966

---

[1] Disponível em: http://en.wikiquote.org/wiki/Robert_F._Kennedy.

CARACTERÍSTICAS COMUNS DAS VISÕES DE NATUREZA DIVINA

A Bíblia está repleta de exemplos em que Deus incutiu visões de um futuro bom na mente daqueles que queriam levar seus planos adiante. Quando estudamos essas histórias bíblicas com atenção, encontramos várias características que parecem fazer parte dessas visões de natureza divina.

1. As visões de Deus retratam um efeito que talvez pareça exagerado diante da realidade atual. Imagine como estas personagens bíblicas devem ter-se sentido quando Deus lhes lançou um desafio: "*Noé*, você vai construir uma arca gigantesca no meio do deserto, e esse barco o salvará de um dilúvio". "*Sara*, sei que você é idosa, mas de seu útero farei nascer uma nova nação." "*José*, não fique abatido com esta prisão; você será o braço direito do faraó." "*Moisés*, sei que você tem medo de falar em público, mas vou usá-lo para convencer o faraó a libertar meu povo." "*Neemias*, a cidade em ruínas de Jerusalém será reconstruída sob sua direção." "*Maria*, você vai

gerar e criar o Salvador do mundo." "*Saulo*, como cristão, você proclamará meu evangelho até os confins da terra." Todas essas visões foram exageradas. No entanto, como a História demonstra, foram responsáveis por grandes passos de fé e efeitos surpreendentes.

2. As visões glorificam a Deus e atraem pessoas a ele. Em seu livro de grande sucesso, *Empresas feitas para vencer,*[2] Jim Collins e Jerry I. Porras argumentam que, parte do que separa as excelentes organizações das boas organizações, é o desejo de estabelecer BHAGs ("Big Hairy Audacious Goals" — "Objetivos audaciosos, complexos e grandiosos"). Esses objetivos são tão audaciosos que estimulam a ambição das pessoas de uma forma que os objetivos comuns não conseguem. Do mesmo modo, as visões audaciosas, complexas e grandiosas de Deus também estimulam grandes esforços por parte daqueles que as buscam. Essas visões, contudo, diferem em duas maneiras do método usado pelo mundo para estabelecer objetivos.

Primeiro, as visões de natureza divina buscam resultados que seriam impossíveis sem a ajuda de Deus. Nesse sentido, elas não são BHAGs, mas GSCs ("God-sized Goals" — "Objetivos do tamanho de Deus"). Exigem, em parte, grande participação do ser humano, mas, para surtir efeito, demandam ações "do tamanho de Deus". Aqueles que têm essas visões sabem muito bem que, sem a ajuda de Deus, o trabalho será inútil (cf. Salmos 127.1). Eles dizem: "Precisamos dar o melhor de nós a esse trabalho, mas, sem a ajuda de Deus, essa visão nunca se concretizará". O apóstolo Paulo expressou isso claramente em uma época na qual os coríntios estavam-se concentrando demais no esforço humano:

> Afinal de contas, quem é Apolo? Quem é Paulo? Apenas servos por meio dos quais vocês vieram a crer, conforme o ministério que o Senhor atribuiu a cada um. Eu plantei, Apolo regou, mas Deus é quem fez crescer (1Coríntios 3.5-7).

Segundo, o cumprimento da visão não gira em torno de promover pessoas ou instituições, mas na exaltação de Deus. Jesus insistiu nesse tipo de ambição sagrada quando disse: "Assim brilhe a luz de vocês diante dos homens, para que vejam as suas boas obras e glorifiquem ao Pai de vocês, que está nos céus" (Mateus 5.16). E Paulo escreveu: "Mas temos esse tesouro em vasos de barro, para mostrar que este poder que a tudo excede provém de Deus, e não de nós" (2Coríntios 4.7). Porque Deus, Paulo escreve, "é capaz de fazer infinitamente mais do que tudo o que pedimos ou pensamos, de acordo com o seu poder que atua em nós (Efésios 3.20).

---

[2] Rio de Janeiro: Campus Elsevier, 2002.

3. As visões de natureza divina retratam o caráter e os desejos de Deus. Muitas pessoas no ramo das artes e da política têm visão. Mas a visão de *natureza divina* manifesta o caráter do Rei e a qualidade de seu Reino, conforme revelado na Bíblia. As visões de natureza divina mostram o coração de Deus ao povo — como Salvador, Redentor, Pastor, Purificador, Plantador e Restaurador da vida. Para conhecer essa visão, é necessário conhecer o Doador por trás dela.

4. As visões de natureza divina são contagiantes. Para comprovar se a visão vem de Deus, observe se ela é aceita por muitas outras pessoas de fé. A visão de Abraão de que Deus abençoaria as nações por meio de sua família (Gênesis 12.1-5) passou a ser o sonho de milhares de pessoas. A visão da mulher samaritana de encontrar fontes de água viva por meio de Jesus passou a ser o sonho de toda a cidade onde ela morava (João 4.28-30; 39-41). A visão de Pedro de formar uma comunidade internacional de discípulos passou a ser o sonho da igreja no mundo todo (Atos 1.8; 2.40-47).

TRANSFORMANDO A MISSÃO EM VISÃO

Se você deseja ser líder cristão, a primeira pergunta a fazer é: "Qual é a visão que Deus tem para mim?". Para responder a essa pergunta, é importante saber a diferença entre *visão* e *missão*. Rowland Forman explica:

Contrariando o conceito amplamente divulgado, visão e missão não são sinônimos. *Missão* é uma descrição geral de POR QUE existimos — nosso propósito para existir. Define os parâmetros externos da atividade aceita por nós. *Visão* é muito mais específica; detalha O QUE — a direção especial que seguiremos dentro da estrutura ampla de nossa missão. A visão dá o foco. Usando uma analogia esportiva, missão é o *estádio* onde jogamos; visão identifica o *esporte* a ser jogado no estádio. Visão é uma noção específica, detalhada, personalizada, distinta [...] do que queremos fazer para produzir um resultado particular.[3]

Talvez um exemplo específico ajude. A missão de nossa igreja (de Dan e Greg) — a Christ Church of Oak Brook — é "reunir comunidades de discípulos que adorem, cresçam, trabalhem e percorram o mundo inteiro como testemunhas do amor de Jesus Cristo que transforma vidas". Esse é o "estádio", o grande círculo ou o ambiente no qual trabalhamos. Se você perguntar por que existimos, responderemos que existimos para formar comunidades de discípulos que conheçam

---

[3] Pronunciamento durante o Center for Church-Based Training One-Day Seminar, Naperville, Ill., 2002.

o amor de Cristo e o manifestem ao mundo. Esse é o nosso propósito contínuo.

A Christ Church of Oak Brook tem também uma *visão* muito específica: "Ajudar 2.500 pessoas a conhecer a alegria e a importância de transformar vidas, alcançar e orientar pequenos grupos comunitários nos próximos três anos". Esse é o "esporte" especial que jogamos em nosso estádio. Estamos convencidos de que, se conseguirmos envolver uma grande porcentagem da congregação nos pequenos grupos comunitários que estão levando amor e colaboração a seus vizinhos, nossa missão progredirá muito. Essa visão não se compõe apenas de palavras. Para nós, ela está viva, em um telão de alta definição e em 3D.

Temos centenas de pequenas "comunidades de discípulos" reunindo-se em residências, cafés e edifícios comerciais em toda a nossa região. Ali, os participantes do grupo fazem perguntas e falam de seus anseios, sofrimentos e alegrias. Utilizam um currículo simples ou apenas a Bíblia para examinar a vida através da lente da Palavra de Deus. Ao fazer isso, começam a ver a vida com mais clareza e um caminho criativo diante deles.Visitam hospitais quando um membro do grupo está enfermo e comparecem a festas quando há algo para comemorar. Oram uns pelos outros para enfrentar o pecado e as lutas da vida e transmitem ânimo entre si. Lentamente, cada pessoa começa a ser um pouco mais semelhante a Jesus.

Esses pequenos grupos de discípulos têm duas perguntas em mente: Como podemos ser uma bênção maior neste bairro, nesta cidade? Que necessidade precisamos atacar juntos? Por exemplo, um grupo visita um senhor idoso que mora sozinho no bairro. Outro colabora com uma escola de ensino fundamental. Há ainda aqueles que se engajam em projetos para angariar o dinheiro que o conselho da cidade não conseguiu arrecadar para atender às necessidades locais. Há grupos que se oferecem para levar mantimentos uma vez por mês a uma mãe solteira com problemas para sustentar a casa e ajudam na limpeza do quintal. As ideias e os serviços práticos multiplicam-se.

> "ORA, A FÉ É A CERTEZA DAQUILO QUE ESPERAMOS E A PROVA DAS COISAS QUE NÃO VEMOS."
>
> Hebreus 11.1

Esses pequenos pelotões testemunham o amor de Cristo quando se dispõem a relacionar-se com a vizinhança e atender às verdadeiras necessidades dentro de sua esfera de influência. Passam a ser, conforme diz Robert Lewis, a prova viva do amor de Jesus que transforma vidas. As pessoas que resistem à religião ou não se imaginam dentro de uma igreja sentem-se atraídas ao ver o trabalho desses grupos. As conversas sobre assuntos espirituais surgem naturalmente. Alguns desses observadores se juntam aos grupos ou se oferecem para colaborar em um ministério dentro da igreja.

Assim que começam a fazer parte desse movimento, eles dizem que encontraram mais alegria e significado na vida espiritual do que quando frequentavam a igreja apenas por hábito. Nossa grande igreja é uma comunidade que tem causado grande impacto na vida de muita gente. Centenas e centenas de pessoas estão convidando outras para vir à nossa igreja e receber as mesmas bênçãos que elas recebem. O povo não se cansa de ver as maravilhas da graça de Deus.

Essa é a visão de Deus para a Christ Church of Oak Brook. Ela inspira nossa equipe de liderança e dá forças a cada um de nós para lutar em prol desse sonho e transformá-lo em realidade.

Qual é a visão específica que Deus formou, ou está tentando formar, em você (ou em seus liderados)? Você é capaz de descrever em cores o que vê acontecer à medida que o sonho se transforma em uma vida tridimensional? Quando você descreve essa visão a outras pessoas, ela faz o coração de alguém bater com mais força para vê-la transformar-se em realidade?

Transformando a visão em estratégia e métodos táticos

Recapitulando, sua missão é o *porquê* de sua organização ou grupo. Sua visão é *o*

quê. Depois de definir essas duas coisas, você será capaz de concentrar-se na terceira dimensão da liderança visionária: o *como* — a estratégia específica a ser seguida para você cooperar com Deus e passar a visão a outras pessoas. Francamente, esse é ponto no qual muitos de nós, que gostaríamos de ser líderes "visionários", abandonamos o jogo. Adoramos viver no campo das ideias e palavras. Imaginamos todos os tipos de possibilidades. Enxergamos claramente por que estamos aqui e o que desejamos ver acontecer. Temos, por assim dizer, um estilo de "liderança delegatória". Os "líderes delegatórios" dizem: "Você deve saber que este problema é muito grande. Vou jogar a responsabilidade em suas costas. Descubra como dar um jeito nele".

Se não investirmos o tempo e a energia necessários para ajudar nossos liderados a descobrir, por meio de oração, *como* chegar aonde queremos, jamais seremos líderes verdadeiros. Voltando à metáfora do esporte: você poder ter um estádio maravilhoso (missão) e uma nítida paixão pelo esporte (visão), mas, se não tiver um programa criterioso para recrutar jogadores, um regime disciplinado de treinamento, um plano específico para o jogo, uma análise de como foi a partida e assim por diante, provavelmente não será bem-sucedido no esporte que tanto ama. Para ser um líder visionário, é preciso ajudar outras pessoas a enxergar qual foi o jogo escolhido e como jogá-lo com eficiência. Esse é o ponto central da estratégia (e de sua irmã gêmea, a execução tática).

A Bíblia apresenta numerosos exemplos de líderes visionários que dedicaram grande tempo e energia para transformar a visão em estratégia (e em ações táticas que decorrem da estratégia). Veja a estratégia de José para ajudar o Egito a enfrentar a grande escassez de alimentos (Gênesis 41.28-36). Verifique a estratégia de Jetro para salvar Moisés (e Israel) da exaustão como líder do povo (Êxodo 18). Examine a estratégia de Neemias para reconstruir Jerusalém, tanto em termos materiais como espirituais (1—12). Temos uma ideia da estratégia de Tito, orientado por seu mentor Paulo, para levar adiante sua visão de transformar os insubordinados "cretenses" em uma comunidade de santos (1—3).

Talvez nenhuma outra figura bíblica nos dê um exemplo de estratégia de liderança tão marcante quanto o próprio Jesus. Antes de designar a missão de liderança aos discípulos, Jesus queria ter a certeza de que eles estavam preparados para essa tarefa. Para isso, Jesus usou um de seus métodos favoritos: demonstrar pessoalmente os princípios e as práticas que deveriam ser adotados pelos discípulos. Na passagem muito conhecida, descrita em João 13.1-17, Jesus ensina aos discípulos a prática de lavar os pés uns dos outros para demonstrar amor

> "VISÃO SEM AÇÃO É UM SONHO. AÇÃO SEM VISÃO É UM PESADELO."
>
> Provérbio japonês

de servo — e ele próprio lhes dá o exemplo. Em outras ocasiões, Jesus ensinou aos discípulos a prática do método que Robert Logan chama de "Just In Time" [no momento certo e na dose certa]. Em outras palavras, Jesus deu-lhes orientações suficientes para a *largada* e continuou a doutriná-los quando retornaram para receber mais instruções (Marcos 9.25-29). Após as experiências iniciais, os discípulos estavam prontos para assimilar as instruções de Cristo!

O estudo de Mateus 10 no início deste capítulo retrata, com todas as cores, as medidas usadas por Jesus para assegurar-se de que os Doze sabiam exatamente o que fazer para transformar a visão em realidade. Jesus definiu, com muita clareza, qual era o *público-alvo* dos discípulos — as ovelhas perdidas de Israel. Esclareceu qual era a *mensagem específica* a ser transmitida — que o Reino dos céus estava ao alcance de todos. Descreveu as *táticas* a serem empregadas para que o povo compreendesse a mensagem de forma prática — curar, ressuscitar, purificar, expulsar demônios. Jesus expôs o *plano de recursos* por meio do qual os discípulos seriam capazes de encontrar alimento e abrigo durante a jornada. Além disso, Jesus estabeleceu *expectativas realistas* a respeito da dificuldade da missão e do tipo de oposição que os

Doze enfrentariam, para que não precisassem dizer mais tarde: "Não conhecíamos as dificuldades que teríamos pela frente". Jesus também deu-lhes valiosas *orientações para lidar com a adversidade*. E mencionou quais eram as *recompensas e benefícios* depois de completarem a missão.

EXPLICAÇÕES ADICIONAIS

O que podemos fazer para ajudar outras pessoas a ver não apenas o *porquê* e *o quê* de nosso trabalho, mas também o *como*? Felizmente, não temos de apresentar todas as respostas a essa pergunta. No entanto, uma das principais funções do líder cristão é assegurar-se de que as perguntas importantes sejam feitas e respondidas. Além dos assuntos já discutidos, as perguntas a seguir poderão ajudar a estabelecer um plano estratégico para quase todas as organizações ou grupos.

- Quais são as três ou quatro *principais mudanças ou iniciativas* que precisam ser tomadas para que a visão se torne realidade?
- Quais são as *forças* que trabalham a favor ou contra essas mudanças ou iniciativas? Que planos podemos fazer para enfrentar adversidade e oposição?
- Que *valores* e *paixões* da liderança nos ajudarão a levar nossa missão adiante,

e como fortalecê-los? Por exemplo, que líderes podemos convidar para conversar conosco e nos orientar?

- Que tipo de *equipes ou subequipes* precisamos formar com muita paciência?
- Que tipo de *treinamento em liderança* ou *conhecimentos práticos* ajudaria nossa causa?
- Que tipo de *comunicação* ou *ensinamento* organizacional ajudaria a levar adiante a missão? Que ilustrações deveriam ser contadas?
- Que *experiências específicas* ou *eventos especiais* podemos proporcionar às pessoas para ajudá-las a entender melhor a visão?
- Que *recursos complementares* (pessoas, tecnologia, capital etc.) podem ajudar a sustentar esse trabalho? De onde eles poderiam vir?
- De que tipo de *ferramentas auxiliares* necessitamos para entender em que pé estamos e onde precisamos fazer correções?
- Como e onde *comemoraremos o progresso* conseguido para cumprir nossa visão, de modo que o desânimo não se instale em nós?
- Quais são os três *objetivos específicos* que devemos almejar nos próximos seis meses para ajudar-nos a levar adiante as estratégias identificadas?

- Quais são os *ritmos de parceria* necessários para manter nossa equipe de liderança ligada e concentrada em nossa visão e plano?

Haddon Robinson fez o seguinte comentário:

Todos nós enxergamos a densa neblina, mas os líderes enxergam a cidade. Os líderes veem o que os outros não veem e sentem-se atraídos por isso. É por esse motivo que eles arriscam tudo para chegar à cidade.[4]

É também por esse motivo que investem tanta concentração e energia para ajudar os outros a ver os muros distantes ao redor da cidade e o caminho que os leva até lá. Que Deus estenda suas bênçãos a você e a seus colegas nesta caminhada.

---

[4] Prefácio de *Developing a Vision for Ministry in the 21st Century*, de Aubrey MALPHURS. Grand Rapids: Baker Books, 1992.

Exercício prático: Criando um plano para desenvolver a visão do líder

O dr. Aubrey Malphurs sugere disciplinas úteis para desenvolver a visão do líder às quais acrescentamos algumas de nossa própria autoria.[5] Você poderá usá-las isoladamente ou com uma equipe de liderança.

1. Ore pela visão de Deus.
   - Separe um tempo nesta semana para orar pela implantação ou aperfeiçoamento da visão de Deus para você e sua equipe de liderança. Repita esta oração regularmente.

   Deus Criador, Luz do mundo, Espírito Purificador, concede-me (nos) a sabedoria de ver as necessidades *que tu vês e a capacidade para pensar nelas e senti-las como tu pensas e sentes.* [...] *Enche minha (nossa) imaginação com uma imagem do que desejas que seja feito para* atender *(mos) a essas necessidades.* [...] *Dá-me (nos) olhos para ver as* pessoas *que desejas incluir como parceiras, para que tua visão se torne realidade.*

   - Que ideias, imagens e pessoas lhe vêm à mente durante esses momentos de oração, ou que pessoas o acompanham nesses períodos de oração?

   Necessidades específicas   Métodos   Parceiros potenciais

2. Pense grande como Deus pensa.
   - O que eu poderia realizar razoavelmente na área(s) de necessidades identificada(s) anteriormente se agisse sozinho?

   - Que participação de Deus (e de outras pessoas que ele me indicar) seria necessária para realizar essa missão? (Leia Efésios 3.14-21.)

   - Quem eu conheço que pense grande ou dê atenção aos pequenos investimentos tão importantes e necessários para a liderança? Relacione o nome das pessoas que você poderia consultar para transmitir-lhe orientação e experiência.

---

[5] MALPHURS, *Pouring New Wine into Old Wineskins*, 239-41.

3. Escreva o sonho.
   - Anote em um diário ou caderno o que Deus incute em você enquanto ora, medita e pesquisa. Existe uma metáfora que o ajuda a criar uma imagem mental? Faça uma lista de exemplos de confirmações de visão que encontra por onde você anda.

   - Escreva em palavras simples, porém marcantes, a visão que Deus lhe deu.

4. Questione a visão.
   - A visão foi *clara*? Conte-a a algumas pessoas e peça que a repitam para você. Se elas não forem capazes de fazer isso, procure melhorar a descrição.

   - A visão é *desafiadora* ou *inspiradora*? Peça a várias pessoas que repitam, com sinceridade, tudo o que sentiram ou pensaram quando você a contou.

   - A visão é *visível*? O que você e os outros "veem" quando a visão é contada? Qual é a imagem tridimensional?

   - A visão é *factível*? Existe nela uma mistura correta de realismo e fé no poder extraordinário de Deus?

   - A visão é *relevante para a vida*? Peça a outras pessoas que lhe descrevam o impacto que a concretização dessa visão pode exercer em alguém.

5. Comece a definir ou aperfeiçoar sua estratégia.
   - Leia novamente as perguntas feitas nas "explicações adicionais" da leitura (p. 156-7). Quais são as duas ou três perguntas que poderiam ser importantes para responder agora e não depois?

   - Essas perguntas são as mais oportunas para mim porque:

Parte quatro

A FORMAÇÃO DE UM LÍDER

Seja no ministério cristão, seja no mundo dos negócios, seja na esfera da política, seja nas instituições educacionais, ouvimos o clamor: "Onde estão os líderes verdadeiros e corajosos de hoje?". Parece sempre haver falta de pessoas dispostas a assumir responsabilidade, tomar a frente e abrir caminho.

Talvez haja muito mais pessoas chamadas por Deus para liderar que para responder a esse chamado. O principal motivo para essa síndrome de "esconder-se de medo" é que a liderança é complicada. Preferimos escolher o caminho mais fácil. Afinal, os líderes são alvos de crítica. É muito mais fácil apontar os erros dos outros que falar dos próprios. Liderança exige responsabilidade, suportar o peso das tomadas de decisão e ter em mente o bem-estar dos outros. Exige complacência diante de pessoas mal-agradecidas e requer sabedoria extraordinária para navegar pelas complexidades de várias opiniões e graus de maturidade.

Ao longo das Escrituras, de Moisés a Pedro, a relutância parece ser a marca da liderança dos homens de Deus. Sob o domínio de Deus, o líder potencial se submete e enfrenta a panela de pressão. Essa pressão, porém, é usada por Deus para moldá-lo em pessoa cujos passos serão seguidos por outrem.

Nesta última parte, analisaremos os meios que Deus usa para formar o caráter do líder.

Lutando contra a tentação (cap. 10). Imediatamente após ter sido batizado, Jesus teve um encontro com seu arqui-inimigo Satanás. E, mais tarde, ficou frente a frente com ele de forma velada, ao encarar desde o sistema religioso farisaico e a corrupção moral até a deserção de seus discípulos. E os líderes cristãos podem prever batalhas, seja em razão das expectativas conflitantes das pessoas, seja em razão do engodo e sedução do dinheiro, sexo e poder. No entanto, embora tenhamos de enfrentar o fogo, Deus é fiel para transformar-nos em ouro puro.

Vencendo a crítica (cap. 11). Jesus foi acusado de ser "amigo de pecadores" e de ser "comilão e beberrão". O Filho de Deus teve seus críticos, e devemos esperar o mesmo. Os líderes são alvos do público. Parecem carregar uma tabuleta nas costas com estes dizeres: "Aproveite sua maior chance". A crítica é inevitável. Precisamos receber sabedoria e misericórdia do alto para saber separar a crítica positiva da negativa e perguntar: "Senhor, qual verdade necessito ouvir, e qual devo descartar?". O Senhor usa a crítica para incutir força e generosidade de espírito em nós para suportá-la e nos livrar do ceticismo. Para que isso ocorra, precisamos estar perto daquele que suportou a cruz pela alegria que lhe foi proposta.

Derrotando o desencorajamento (cap. 12). A liderança é solitária e, às vezes, assemelha-se muito a bater a cabeça na parede. Moisés teve de enfrentar a reclamação do povo que preferiu a escravidão no Egito a viver em liberdade no deserto. Teve de navegar entre a síndrome do "pobre de mim" (queixando-se da missão que Deus lhe dera) e a raiva (ao enfrentar os ingratos). Essa é a realidade da liderança. Como o líder deve lidar com a raiva e a depressão inevitáveis que acompanham a liderança?

10

LUTANDO CONTRA A TENTAÇÃO

Indicações preliminares

Texto para memorizar: 1Pedro 5.1-4
Estudo bíblico: 1Reis 11.1-13
Leitura complementar: Enfrentando a tentação como o Filho amado do Pai
Exercício prático: Dando nome às nossas tentações

 Verdade fundamental

Do que os líderes cristãos devem proteger-se?

O bem-estar da comunidade cristã reflete o bem-estar de seus líderes, portanto os discípulos líderes são o principal alvo do maligno. Satanás faz todas as tentativas possíveis para separar os líderes da fonte da vida, de sua comunhão com o Deus vivo. Quando os líderes cristãos não têm firmeza de sua identidade como filhos amados em Cristo, tornam-se particularmente suscetíveis ao engodo do dinheiro, sexo ou poder para preencher o vazio.

1. Identifique as principais palavras ou expressões da questão e resposta acima e explique o significado de cada uma delas.

2. Repita a verdade fundamental com suas palavras.

3. Que perguntas ou questões a verdade fundamental provoca em você?

Guia de estudo do texto para memorizar

Copie o texto inteiro aqui:

_____
_____
_____
_____
_____
_____
_____
_____
_____
_____
_____
_____
_____
_____
_____
_____
_____
_____
_____
_____
_____
_____
_____
_____

Texto para memorizar: 1Pedro 5.1-4

O apóstolo Pedro dirige-se aos presbíteros (pastores) das igrejas dispersos pela província da Ásia (atual Turquia — cf. 1Pedro 1.1). Pedro é representante dos autores do Novo Testamento que parecem estar menos preocupados com o que os líderes devem fazer (discriminação de deveres) do que com o motivo e a maneira de fazer. No texto acima, Pedro adverte os líderes sobre as armadilhas que devem ser evitadas.

1. *Entendendo o contexto.* No versículo 1, Pedro identifica-se com os presbíteros e afirma ser "testemunha dos sofrimentos de Cristo". Que ligação tem essa expressão com o contexto de 1Pedro 4.12-19?

2. Pedro identifica três motivos errados para a liderança cristã. Explique as advertências de Pedro aos líderes:

"não por obrigação" (v. 2)

"não façam isso por ganância" (v. 2)

"não ajam como dominadores dos que lhes foram confiados" (v. 3)

3. Em que ponto essas medidas corretivas se aproximam de você para confortá-lo?

4. Que medida corretiva Pedro apresenta para combater cada um desses falsos motivos (v. 3)?

5. De acordo com o versículo 4, qual é a principal motivação do líder que pode servir para purificar o coração?

Guia de estudo bíblico dirigido

Estudo bíblico: 1Reis 11.1-13

O rei Salomão pode ser considerado a personagem mais triste da Bíblia. Ele começou bem, teve tudo o que quis e terminou em desgraça. Em vez de pedir vida longa, riqueza ou poder no início de seu reinado em Israel, ele pediu capacidade de distinguir entre o bem e o mal (cap. 3). Deus recompensou-o com um tipo de sabedoria (cf. Provérbios) que atraiu povos de lugares muito distantes. Além disso, Salomão recebeu permissão para fazer o que não foi permitido a seu pai Davi — construir o grande templo em Jerusalém, que seria a casa de Deus. Sua oração na dedicação do templo demonstra reverência pelo único e verdadeiro Deus (8.23). Apesar disso, seu fim foi vergonhoso; a atração por mulheres estrangeiras afastou-o do Deus verdadeiro. A tragédia de Salomão deveria causar um estremecimento sagrado no coração dos líderes.

1. Separe um tempo para estudar 1Reis 3-10. De que maneiras a graça de Deus favoreceu Salomão?

2. Observe a repetição da promessa e as advertências dadas a Salomão (1Reis 3.14; 6.11-13; 9.4-9). Leia com atenção a oração de Salomão na dedicação do templo, a partir de 1Reis 8.22. Em seguida, concentre-se na bênção que ele pronuncia sobre o povo (v. 56-61). O que Salomão sabia acerca do Senhor e quais eram suas expectativas para ele próprio e para o povo de Deus?

3. *Leia 1Reis 11.1-13.* De acordo com os versículos 1 a 8, o que afastou o coração de Salomão do Deus verdadeiro?

O que é tão fascinante nesse poder?

4. Como alguém, depois de receber tantas coisas de Deus como Salomão recebeu, pode afastar-se daquilo que tem certeza ser o certo?

5. O que poderia tomar conta de seu coração a ponto de afastá-lo de seu serviço apaixonado e fiel a Deus?

Leitura complementar: Enfrentando a tentação como o Filho amado do Pai

Líder cristão, você carrega uma tabuleta nas costas. O Diabo quer tirar você do caminho. Embora a maior ambição do Diabo seja destruir aquele que o derrotou na cruz, ele faz qualquer tentativa para atingir Jesus por nosso intermédio. Ao dirigir-se aos presbíteros, o apóstolo Pedro adverte: "O Diabo, o inimigo de vocês, anda ao redor como leão, rugindo e procurando a quem possa devorar" (1Pedro 5.8). Ao depreciar nosso caráter, o Diabo também deprecia Cristo e sua causa.

A tentação de Jesus no deserto

Precisamos conhecer as tentações que o Diabo usa para derrubar os discípulos líderes e saber onde somos mais suscetíveis à sua estratégia. Vamos, portanto, examinar a tentação de Jesus para conhecer os artifícios do mal. Por que o Diabo tentou Jesus para separá-lo do Pai?

Antes de examinar as tentações específicas que Jesus enfrentou, é muito importante observar o que precedeu o encontro dele com o Diabo no deserto. Nos Evangelhos sinópticos, todos os três relatos do encontro de Jesus com o Diabo foram posteriores ao batismo de Jesus. Quando Jesus saiu das águas do rio Jordão, a Bíblia diz que o Espírito desceu sobre ele em forma de pomba e, em seguida, veio dos céus uma palavra especial do Pai. No relato de Marcos e Lucas, a palavra do Pai é pessoal: "Tu és o meu Filho amado; em ti me agrado" (Marcos 1.11; Lucas 3.22). Foi como se o Pai estivesse dizendo: "Filho, eu te enviei a esse mundo hostil, mas quero que saibas, acima de tudo, que ocupas um lugar especial em meu coração".

Mateus muda a mensagem um pouco, mas de modo significativo. Em vez de dirigir uma palavra particular a Jesus, o Pai fala aos que estão ao redor de Jesus: "Este é o meu Filho amado, em quem me agrado" (3.17). Essa mudança de palavras ressalta um pai explodindo de orgulho do filho. Assim como os pais humanos desejam levantar-se e gritar quando o filho ganha um prêmio ou faz o gol da vitória do time, o Pai está dizendo: "Vocês sabem quem ele é? Ele é o meu Filho". Parece que o Pai não se podia conter. Na versão bíblica *The Message*, Eugene Peterson capta o entusiasmo do Pai: "Este é o meu filho, escolhido e marcado por meu amor, o encanto de minha vida!" [*A mensagem*, no prelo, **Vida** — tradução livre].

Dentre todas as coisas que o Pai poderia ter dito no início da obra redentora de seu Filho, por que ele escolheu essas palavras? Porque até Jesus precisava saber o que ele significava para o Pai — que ele era a menina-dos-olhos do Pai. Quando o Filho estava prestes a entrar no ministério público e destinado a morrer na cruz, o Pai queria que ele soubesse que, quando a vida se tornasse difícil de suportar, o Filho continuaria a ser amado do Pai. O batismo foi o momento em que Jesus "emergiu"; o único lugar de máxima segurança é estar escondido no coração do Pai.

A EXPERIÊNCIA NO DESERTO

Por que o Pai declarou o valor e a posição de honra de Jesus antes da tentação? Existe uma ligação direta entre as duas coisas? Sim. Primeiro, as tentações foram uma investida do Diabo sobre a fé de Jesus por ser ele o Filho amado do Pai. Segundo, pelo fato de saber que é o Filho amado do Pai, Jesus teve forças para vencer a batalha.

O que se aplica a Jesus também se aplica a nós. O maior privilégio e a realidade fundamental da vida dos líderes cristãos é que fomos adotados na família de Deus. Jesus, como único e eterno Filho do Pai, entregou sua vida para que nós, que nascemos órfãos, separados do Pai e em conflito com ele por causa de nossos pecados, pudéssemos ser adotados como filhos e filhas amados de Deus. O apóstolo Paulo escreve:

> Pois vocês não receberam um espírito que os escravize para novamente temerem, mas receberam o Espírito que os adota como filhos, por meio do qual clamamos: "*Aba*, Pai" [como Jesus clamou; cf. Marcos

14.36]. O próprio Espírito testemunha ao nosso espírito que somos filhos de Deus (Romanos 8.15,16).

J. I. Packer diz simplesmente: "O que é um cristão? A pergunta pode ser respondida de muitas maneiras, mas a resposta mais valiosa que conheço é que cristão é aquele que tem Deus como Pai".[1]

A tentação de Jesus revela que, em última análise, toda tentação é um desejo de provocar conflito no relacionamento entre Pai e filho. Consequentemente, se não acreditarmos de todo o coração que somos "amados de Deus", estaremos mais suscetíveis aos estratagemas do Diabo, que poderão afastar-nos de Deus e destruir-nos como líderes.

Portanto, nossa identidade, nosso senso de valor e dignidade, é o ponto que o Diabo mais gosta de atacar. Jesus foi para o deserto sabendo quem ele era. Conhecia seu valor porque ocupava um lugar especial no coração do Pai. E é assim que tudo começa para nós. Se não tivermos plena convicção do lugar que ocupamos no coração do Pai, estaremos propensos a sofrer *desvio de papéis* ou *confusão de papéis*.

DESVIO DE PAPÉIS

Se nosso senso de valor não vier do alto, teremos de procurá-lo na aprovação de

---

[1] *Knowing God*. Downers Grove, Ill.: InterVarsity Press, 1973, p. 181.

outras pessoas. Infelizmente, os líderes cristãos quase sempre procuram agradar aos outros em vez de agradar a Deus. Permitimos que as expectativas humanas nos definam e que suas aprovações ou desaprovações nos controlem. Isso ocorre quando os líderes pastores se desviam de seu chamado principal para "preparar os santos para a obra do ministério" (Efésios 4.12). O povo de Deus deve realizar a obra do ministério, que, por sua vez, edifica o corpo de Cristo. O que acontece quando um pastor não prepara o povo de Deus e faz o trabalho sozinho? Um dos principais desvios do papel do pastor é tornar-se o *principal provedor*. Em muitas igrejas tradicionais, o papel de provedor foi profissionalizado: visitas a hospitais, ofícios fúnebres e aconselhamento são de responsabilidade do pastor. Mas o Novo Testamento afirma, com todas as letras, que os *membros* da igreja devem cuidar uns dos outros. Quando os pastores são indagados por que não preparam o povo de Deus para o ministério, a resposta mais comum é esta: "Devo estar presente nos momentos difíceis da vida. Se eu não fizer isso, falharei como pastor".

> "POR MENORES QUE SEJAM OS PECADOS, ELES TÊM O EFEITO CUMULATIVO DE AFASTAR A PESSOA DA LUZ E CONDUZI-LA PARA O NADA. [...] NA VERDADE, A ESTRADA MAIS SEGURA PARA O INFERNO É GRADATIVA — ACLIVE SUAVE, CHÃO MACIO, SEM CURVAS INESPERADAS, SEM MARCAS DE QUILOMETRAGEM, SEM SINALIZAÇÕES."
>
> C. S. Lewis
> *As cartas do coisa-ruim*

No início da história da Igreja, os apóstolos recusaram-se a cair em tentações semelhantes. Houve uma contenda sobre a distribuição dos alimentos destinados às viúvas de fala grega e às viúvas de fala hebraica. A contenda foi levada ao conhecimento dos apóstolos. Eles poderiam ter-se envolvido diretamente no assunto, mas isso teria mudado a missão que Deus lhes dera. Por isso, evitaram desviar-se do rumo e disseram: "Não é certo negligenciarmos o ministério da palavra de Deus, a fim de servir às mesas" (Atos 6.2). Às vezes, o ato de fazer o bem é inimigo do ato de fazer o melhor.

CONFUSÃO DE PAPÉIS

Portanto, se não estivermos fundamentados na verdade de que em Cristo somos filhos amados do Pai, será fácil cair na armadilha do desvio de papéis. Por outro lado, em razão das areias movediças da mudança cultural, os líderes também são suscetíveis à confusão de papéis.

Os estudiosos notam que estamos no meio de uma enorme transição de paradigma eclesiástico. Podemos dizer que desde o reinado do imperador Constantino, no início do século 4º, até o século 20, a Igreja ocupou um lugar privilegiado no Ocidente. Esse período ficou conhecido como era da cristandade — o reinado do cristianismo no mundo ocidental.

A função do ministério profissional na cristandade era, até certo ponto, estática e previsível. Os pastores e os frequentadores da igreja concordavam com o que os líderes cristãos deviam fazer. As expectativas em torno dos pastores poderiam ser resumidas da seguinte forma:

- *Mestres da tradição teológica.* Os pastores aprendiam a doutrina de sua herança teológica particular e a transmitiam ao povo leal à mesma herança.
- *Provedores.* Os pastores acudiam seu rebanho em tempos de crise por meio de visitas a hospitais, ofícios fúnebres e aconselhamento. Eram a rocha do rebanho em tempos de necessidade.
- *Símbolos de santidade.* Os pastores eram o cartão de visita dos estatutos e preceitos santos da igreja. Eram muito respeitados por causa da função sagrada que desempenhavam.
- *Oficiantes de ritos de passagem.* Os pastores eram as principais figuras nos momentos marcantes da vida do rebanho: batismo, profissão de fé, casamento e morte.

Expectativas claras e compartilhadas por todos produziam níveis relativamente baixos de estresse e ansiedade.

O colapso desse paradigma — a cristandade deixou de existir — é o desafio enfrentado pelos atuais líderes cristãos. O ambiente de amizade e colaboração no qual o ministério se baseia desapareceu em grande parte. A Igreja deixou de ser uma instituição missionária, como foi nos três primeiros séculos de sua existência. Hoje, há necessidade de um novo tipo de líder. Muitas pessoas, porém, gostariam de ter de volta a Igreja do passado e de ver seus pastores agindo como se a cristandade ainda existisse. Outras, temendo o desaparecimento da Igreja caso ela não volte a ser uma instituição missionária, passaram a exigir um tipo diferente de líder. Às vezes, os pastores se sentem como se estivessem sendo puxados de um lado para o outro.

Eu pergunto: o líder deve ser profeta, professor, pessoa de recursos, capacitador, especialista em religião, pregador, conselheiro, terapeuta, presidente de empresa, facilitador, líder, preparador, administrador, pastor, ativista social — ou tudo isso? Se você for tudo isso, a situação ficará insustentável.

Dar ouvidos a muitas expectativas pode levar o pastor a ter uma vida sem limites claros — confusão de papéis. Um pastor expressou-se desta maneira: "Sinto culpa todas as vezes que faço uma visita ou me dirijo ao escritório da igreja. 'Eu deveria estar em casa neste momento', reconheço. 'Que tipo de marido e pai eu sou?' Quando estou em casa, penso: 'Eu deveria estar fazendo visitas esta noite. Que tipo de pastor eu sou?'".[2]

Temos duas alternativas: definir nossas prioridades com base em nosso valor e no chamado recebido de Deus ou ser definidos pelos outros. Se não soubermos claramente quem somos e qual é o chamado de Deus para nós, e se não soubermos definir nossas expectativas sob o ponto de vista bíblico, seremos esmagados pelas expectativas alheias.

Essa situação desafiadora do ministério é apenas o prelúdio de muitas outras investidas de Satanás. Como se fosse o idealizador de uma estratégia militar, Satanás está preparando o campo de batalha por meio de um ataque aéreo, seguido de um ataque por terra. Estamos no campo de batalha no qual essa guerra está sendo travada.

AS PRINCIPAIS TENTAÇÕES ENFRENTADAS PELOS LÍDERES

Jesus entrou no deserto preparado para a batalha: sabia claramente 1) quem ele era para o Pai e 2) a missão para a qual foi chamado. Apesar de Jesus ter vindo ao mundo para servir ao povo, seus principais objetivos eram agradar e obedecer ao Pai. Com essa segurança de identidade, ele foi capaz de enfrentar os estratagemas do Diabo. E quanto a você? Se você não lembrar sempre sua identidade como filho amado do Pai, estará sujeito a ser derrotado pelo Diabo. Ele usará a clássica tríade para tentá-lo: dinheiro, poder e sexo.

Dinheiro. Depois de Jesus ter jejuado quarenta dias, o Diabo começa com o óbvio. Jesus está naturalmente faminto, e o Diabo usa este artifício para desafiar a identidade de Jesus: "Se és o Filho de Deus, manda que estas pedras se transformem em pães" (Mateus 4.3). O Diabo reduz a vida a um elemento material. Satisfaça suas necessidades. Essa é a tentação da sociedade ocidental cuja vida gira em torno do conforto. Ponha sua segurança naquilo que você consegue amealhar.

Para os líderes cristãos, a tentação é ter um estilo de vida confortável. Em *As cartas do coisa-ruim*, C. S. Lewis examina a tentação do ponto de vista do Diabo. O Diabo está ensinando a seu sobrinho uma forma de neutralizar a fé de um novo seguidor de Cristo. O Diabo diz: "A prosperidade entrelaça o homem ao mundo. Ele sente que está 'encontrando seu lugar no mundo', mas, na verdade, é o mundo que está encontrando seu lugar no homem. A fama cada vez maior, o grande círculo de conhecidos, a sensação de importância, a pressão

---

[2] Glenn McDONALD, "Imagining a New Church", *Christian Century*, 8-15 set. 1999, p. 850.

crescente de um trabalho cativante e agradável, incutem nele a sensação de estar à vontade na terra, que é exatamente o que queremos".[3] Se o desejo de preservar nossa vida confortável tornar-se dominante, temeremos enfrentar a idolatria dos gananciosos ou ofender aqueles que contribuem para o nosso ministério.

Jesus cita as Escrituras para contra-atacar o Diabo: "Está escrito: 'Nem só de pão viverá o homem, mas de toda palavra que procede da boca de Deus'" (v. 4). Em outras palavras, edifique sua vida sobre a perspectiva eterna da sabedoria espiritual, não meramente sobre as coisas materiais e tangíveis, como se fossem tudo o que existe.

Poder. As outras duas tentações que Jesus enfrenta têm relação com aspectos diferentes do poder. O Diabo usa o exibicionismo para tentar Jesus. Faça uma exibição de grande impacto para provar que você é o Filho de Deus. Retire o véu que cobre sua divindade.

> Então o Diabo o levou à cidade santa, colocou-o na parte mais alta do templo e lhe disse: "Se és o Filho de Deus, joga-te daqui para baixo. Pois está escrito:
> 'Ele dará ordens a seus anjos a seu
>   respeito,

e com as mãos eles o segurarão,
   para que você não tropece
em alguma pedra'" (v. 5,6).

Até o Diabo é capaz de citar as Escrituras.

Ele está dizendo: "Esqueça que veio aqui para servir, Jesus, e exiba o seu poder. Mostre-nos sua divindade". Que grande apelo ao ego! É incrível como o sucesso e a ideia de ser poderoso são capazes de atacar o espírito do ser humano. "Ah, como é bom ser uma celebridade e receber elogios de todos." Se não tivermos segurança de nossa identidade como filhos amados do Pai, preencheremos essa lacuna com elogios do povo. Nosso valor será determinado pelo tamanho do ministério que lideramos e por nossa posição relativa no organograma. Julgaremos nosso sucesso ou fracasso comparando nossas conquistas ou derrotas com as dos outros.

Em seguida, o Diabo leva Jesus a um monte muito alto, mostra-lhe os reinos deste mundo e o seu esplendor e diz: "Tudo isto te darei, se te prostrares e me adorares" (v. 9). Em outras palavras: "Seja enaltecido pelos outros, esqueça a cruz. Abandone sua missão de servo e receba o prêmio".

Os líderes com visão daquilo que poderão vir a ser quase sempre são tentados a querer ser deuses. Realizar um sonho é tão importante para o valor pessoal do líder que as pessoas se tornam meras ferramentas para

---

[3]   *The Screwtape Letters.* New York: Macmillan, 1961, p. 132 [*As cartas do coisa-ruim.* São Paulo: Loyola, 1982].

ele satisfazer a seu ego. Para o líder com um ego tão inflado, qualquer oposição a seu ideal é considerada uma ameaça, a voz do inimigo. Quando alguém se atreve a fazer uma pergunta sobre "ungido" de Deus, esse líder se sente ofendido espiritualmente pelas palavras críticas dos adversários.

Jesus considerou essas tentações para conquistar *poder* como se fossem um ataque ao próprio Deus. Jesus foi tentado a usurpar o lugar de seu Pai, a quem ele veio servir. Para proteger-se, Jesus lembrava-se constantemente de seu lugar no coração do Pai e de seu chamado para cumprir a obra da redenção.

Sexo. A atração pelo sexo por meio de pornografia ou relações extraconjugais chegou a um nível epidêmico. É raro passar uma semana sem se ouvir falar da vida de um líder de muita projeção sendo exposta por quebra dos votos conjugais.

Embora os líderes cristãos se sintam atraídos para sucumbir às tentações sexuais a fim de aliviar o estresse da liderança ou realizar uma fantasia, não há desculpas para tal comportamento. Todos nós sabemos que, quando os líderes ultrapassam os limites no relacionamento humano, isso é abuso de poder e posição. Seja o líder homem ou mulher, os relacionamentos iniciados com a finalidade de consolar e alimentar alguém espiritualmente podem transformar-se em uma poderosa atração sexual. Os líderes não serão capazes de guardar o coração e andar na linha se mantiverem encontros com pessoas do sexo oposto.

Com o advento da Internet, temos a tecnologia de "separar o desejo sexual do relacionamento".[5] O canto da sereia da lascívia atrai-nos. "Farei você feliz por alguns momentos. Mergulhe no mundo da fantasia das imagens coloridas. Você pode possuir este encantador objeto de desejo". John Piper escreve: "O poder da tentação é a expectativa de que ela me fará mais feliz".[6]

Precisamos reconhecer que cada um desses pecados tem raízes profundas e entranhadas em nosso espírito. Esse é o principal artifício que o Diabo usa para pôr nossa liderança em dúvida, por isso precisamos recorrer a um conselheiro cristão experiente, um amigo espiritual e/ou mentor espiritual para ajudar-nos a fazer uma autoanálise corajosa. Para tanto, é necessário identificar as principais armadilhas e

> "O PAI DA MENTIRA FALA MACIO E TENTA PERSUADIR COMO UM MENDIGO DE RUA, PROMETENDO A LUA E ENTREGANDO DESGRAÇA."
>
> Max Lucado
> *Seu nome é Salvador: não é de admirar que o chamem assim*[4]

---

[4] São Paulo: Vida Cristã, 1987.

[5] Philip YANCEY. *Rumores de outro mundo*. São Paulo: **Vida**, 2005.

[6] *Future Grace*. Sisters, Ore.: Multnomah, 1995, p. 334.

os grandes problemas existentes na base de todo pecado.

LUTANDO CONTRA A TENTAÇÃO

Para lutar contra todos estes ídolos — conforto (dinheiro), poder ou sexo —precisamos entender que cada um deles promete satisfação, mas traz apenas prazer momentâneo. São como doce-de-coco para a alma. Todas essas tentações apresentadas aos líderes cristãos pelo Diabo têm o objetivo de levar-nos a acreditar que nossa principal satisfação e nossa verdadeira identidade não estão no fato de sermos filhos e filhas amados de Deus. Jesus recusou-se a romper seu relacionamento com seu Pai, citando as Escrituras para provar sua identidade no Pai. John Piper escreve: "Quando minha sede de alegria, propósito na vida e paixão é satisfeita pela presença e poder de Cristo, o poder do pecado é destruído. Não aceitamos a oferta de um sanduíche de carne quando sentimos o cheiro do filé sendo frito na chapa".[7]

---

[7] *Future Grace*, p. 335.

Exercício prático: Dando nome às nossas tentações

O primeiro passo para vencer a tentação é reconhecer nossas suscetibilidades particulares aos estratagemas do Diabo. Quando sabemos identificar onde somos especialmente vulneráveis ao Diabo, estamos no caminho certo para montar uma base de defesa.

REFORÇANDO O ALICERCE

Os autores fazem questão de dizer que a batalha precisa ser travada sobre o alicerce seguro de nossa identidade em Cristo. Assim como Jesus derrotou o Diabo no deserto por saber que era o Filho amado do Pai, nós também precisamos estar enraizados na verdade de que somos filhos e filhas amados de Deus e adotados por ele. Repita com suas palavras por que essa é a base inicial necessária e por que somos mais suscetíveis à tentação se essa realidade não estiver no lugar certo.

A ATMOSFERA DA LIDERANÇA (ATAQUE AÉREO)

Vivemos em um ambiente cultural mutável que serve de atmosfera na qual exercemos nosso ministério. Esse ambiente mutável pode levar ao desvio e à confusão de papéis.

Desvio de papéis. Em seu papel de liderança, quais são as expectativas capazes de desviá-lo das expectativas que você tem para si?

Atos 6.1-4 descreve como os apóstolos lidaram com a tentação para não se desviarem de seus papéis. Em que circunstâncias a atitude deles pode servir de modelo para você enfrentar tentações semelhantes?

Confusão de papéis. De que forma as atuais mudanças ocorridas no ministério influenciam as expectativas do papel que você exerce?

As expectativas de papel são, em geral, uma mistura das expectativas das pessoas às quais servimos. Assinale as que se aplicam a você:

___ profeta	___ especialista em religião	___ presidente de empresa	___ administrador
___ professor	___ pregador	___ facilitador	___ pastor
___ pessoa de recursos	___ conselheiro	___ líder	___ ativista social
___ capacitador	___ terapeuta	___ preparador	___ outro ___

Os autores disseram: "Temos duas alternativas: definir nossas prioridades com base em nosso valor e no chamado recebido de Deus ou ser definidos pelos outros". E você? Como definiria seu papel de liderança de modo que possa estabelecer expectativas para os outros?

AS TENTAÇÕES ESPECÍFICAS DO LÍDER (ATAQUE POR TERRA)

O Diabo usa meios previsíveis para aproximar-se dos líderes: dinheiro, poder e sexo.

Dinheiro: o engodo do conforto material. O desejo de ter uma vida confortável pode levar os líderes a perder o interesse pela liderança. Como isso se aplica a você?

Poder: o engodo do ego. O desejo de ser conhecido e elogiado pode levar os líderes a se colocar no centro das atenções. Como isso se aplica a você?

Sexo: o engodo da autossatisfação. O desejo de satisfação instantânea para aliviar o estresse pode levar os líderes a usar outras pessoas para se sentirem bem. Como isso se aplica a você?

OS ESTRATAGEMAS DO DIABO

Todos nós somos suscetíveis aos estratagemas do Diabo para nos derrotar. Qual é o seu ponto mais vulnerável?

CONCLUSÃO

Um provérbio chinês diz que "o princípio da sabedoria é chamar cada coisa pelo seu nome certo". Há poder e liberdade em dar nome aos problemas que enfrentamos. Esse é o primeiro passo, e o mais importante, para vencermos a tentação.

Para um estudo mais aprofundado

FOSTER, Richard. *Dinheiro, sexo e poder.* São Paulo: Mundo Cristão, 2001.

LEWIS, C. S. *As cartas do coisa-ruim.* São Paulo: Loyola, 1982.

11

VENCENDO A CRÍTICA

Indicações preliminares

Texto para memorizar: Salmos 139.23,24
Estudo bíblico: Mateus 18.15-35
Leitura complementar: Barreiras transformadas em pontes
Exercício prático: Reconsiderando a resistência

 Verdade fundamental

Como os líderes cristãos reagem à oposição que enfrentam com frequência?

Os discípulos líderes entendem que seu caráter e capacidade são revelados e aperfeiçoados na proporção em que eles respondem às críticas, conflitos e outras formas de resistência com os quais se defrontam. Eles se disciplinam para considerar esse antagonismo como fortes aliados em sua busca por mais maturidade, sabedoria e influência semelhantes às de Cristo.

1. Identifique as principais palavras ou expressões na questão e resposta acima e explique o significado de cada uma delas.

2. Repita a verdade fundamental com suas palavras.

3. Que perguntas ou questões a verdade fundamental provoca em você?

Guia de estudo do texto para memorizar

Copie o texto inteiro aqui:

_____

Texto para memorizar: Salmos 139.23,24

O salmo 139 é uma meditação sobre a onipresença e onisciência de Deus. Essas duas realidades ajudam a formar a base da confiança e humildade do líder, principalmente diante da resistência que ele encontra no caminho.

1. Que diferença faria para o líder se ele soubesse que Deus está sempre presente (onipresença) e que Deus sabe tudo (onisciência) sobre ele?

2. Hoje, poucas pessoas se entusiasmam com a ideia de ser "sondado" ou "provado". Por que o salmista quer que Deus lhe faça isso?

3. O salmista fala de suas "inquietações". Que inquietações surgem com a liderança?

4. Quais são algumas "condutas ofensivas" que às vezes fazem parte da vida do líder?

5. A oração final do salmista é: "Dirige-me pelo caminho eterno". O que esse pedido e as palavras anteriores revelam sobre sua maior ambição?

Estudo bíblico dirigido

Estudo bíblico: Mateus 18.15-35

Mateus 18 deixa claro que Jesus nunca vislumbrou uma comunidade cristã ou uma igreja livre de conflitos, nas quais os problemas seriam debatidos com serenidade. Ao mesmo tempo, Jesus expôs alguns princípios e processos claros para resolver essas questões. Neste capítulo, focalizamos o problema específico de *como o líder enfrenta as críticas e os conflitos em sua liderança*. Mateus 18 apresenta algumas ideias cruciais para ajudar o trabalho dos líderes.

1. *Leia Mateus 18.15-17*. Neste texto, Jesus expõe uma série de processos para resolver ressentimentos. Relacione os quatro passos que ele apresenta e os valores que, em sua opinião, são transmitidos.

Passo   **Valores**

1.

2.

3.

4.

2. Examine atentamente os versículos 18 a 20. O versículo 19 é quase sempre entendido como uma promessa de que Jesus está presente onde dois ou três estiverem reunidos em oração. No contexto da disciplina, que outras interpretações parecem encaixar-se?

3. Leia o versículo 21. O que Pedro tenta entender? Você já se debateu com essa questão?

4. Leia os versículos 22 a 34. Que valores Jesus ressalta sobre como devemos lidar com as "dívidas" ("ofensas") de outras pessoas?

5. Você se sente consolado, desafiado ou confuso com as palavras de Jesus no versículo 35? Como?

6. Que significado esta passagem tem para você?

Leitura complementar: Barreiras transformadas em pontes

"Veio para o que era seu, mas os seus não o receberam" (João 1.11). "Nenhum escravo é maior do que o seu senhor. Se me perseguiram, também perseguirão vocês" (15.20).

Mais cedo ou mais tarde, todo líder encontra resistência à sua liderança. Se nosso Grande Líder, Jesus, encontrou resistência, nós também encontraremos. Ela pode surgir dentro da equipe de liderança, como ocorreu com Jesus quando Judas o traiu. Talvez surja entre aqueles a quem servimos, como ocorreu com Cristo na Sexta-feira Santa. A resistência pode brotar entre interesses poderosos do ambiente em que vivemos. Jesus enfrentou oposição dos líderes políticos e religiosos de sua época. Talvez surja dentro de nossa casa. A resistência não é uma *possibilidade* na vida do líder. É uma *certeza*.

As faces da resistência

Passiva. Às vezes, a resistência apresenta-se de forma sutil. Quase sempre, as pessoas manifestam moderado desconforto ou discordância em relação à personalidade ou ações do líder. Não querem envolver-se ou simplesmente não comparecem. Cochicham e falam mal do líder pelas costas. Comentam, a portas fechadas, que o trabalho poderia ser conduzido de forma melhor. Talvez essas pessoas sejam agressoras passivas. Manifestam frustração de maneira velada, mas conseguem chamar a atenção.

Declarada. Às vezes, a resistência é mais evidente. As pessoas expressam uma preocupação direta e até acalorada sobre o caráter, a competência e o modo de agir do líder. Escrevem cartas contendo críticas ou solicitam uma reunião para expor queixas ou reivindicações. Em geral, falam abertamente de suas preocupações. Reúnem um grupo para fazer oposição ao que está sendo planejado ou em andamento. O objetivo delas é redirecionar ou deter as ações do líder antes que o "estrago" seja feito.

Agressiva. Há ocasiões em que a resistência é simplesmente venenosa. As pessoas enviam cartas anônimas e ofensivas ao líder ou a alguém de posição influente. Chegam até a circular denúncias públicas, difamando as motivações ou ações do líder. Procuram dados e os interpretam à sua maneira, para reunir provas contra o mau

> "Em geral, o povo não reconhece o líder, a não ser depois que ele morre. Aí, eles constroem um monumento para o líder com as mesmas pedras que atiraram nele em vida."
>
> J. Oswald Sanders
> *Liderança espiritual*

caráter ou as intenções perversas do líder. Levantam suspeitas, raiva ou medo no maior número de pessoas possível. Estão dispostas a destruir o líder ou a credibilidade ou a causa do líder.

Os efeitos perigosos da resistência

Diante dessas realidades, podemos dizer que, se os discípulos líderes não encontrarem maneiras criativas de reagir à resistência, enfrentarão consequências destruidoras na vida e na influência que exercem sobre outras pessoas.

Recusa em aceitar. O desejo de concentrar-se na missão e não dar ouvidos a fatores externos faz que os líderes se recusem a aceitar a realidade da resistência e a enfrentá-la com seriedade. Em geral, eles se cercam de pessoas que aprovam suas ações, sem dar atenção aos apelos desesperados de outras. Talvez esses líderes tenham apoio suficiente e não imaginem que não faz nenhuma diferença o número de pessoas que se afastaram por frustração ou mágoa. Por outro lado, eles se perguntam, perplexos, por que a missão não está tendo sucesso ou se surpreendem quando um grupo grande começa a pedir sua cabeça.

Desligamento involuntário. A pressão constante da resistência não resolvida pode levar os líderes a se desligar emocionalmente do grupo. Conscientes das graves estáticas no sistema e sem saber como lidar com elas, esses líderes desligam o rádio. Aos poucos, deixam de ouvir as queixas e preocupações dos outros em razão da dificuldade de conviver com elas. Esses líderes demonstram frieza e dissimulação, e ninguém entende por que eles não conseguem ser bem-sucedidos.

Compensação. Alguns líderes dão atenção exagerada a seus críticos para conseguir lidar com a resistência. Conforme Keith Miller disse em uma conversa, eles permitem que outras pessoas "ocupem espaço em sua mente sem pagar aluguel". Gastam energia excessiva na tentativa de agradar e apaziguar todos os críticos, como se isso fosse possível. Ou, então, partem para uma defensiva desmedida, na tentativa desesperada de refutar todas as críticas ou provar que têm caráter e estão agindo certo. Terminam parecendo terrivelmente inseguros, e isso enfraquece a credibilidade de sua liderança e os faz desviar do rumo da missão.

Pagamento na mesma moeda. Outros líderes simplesmente reagem à resistência com resistência. Tornam-se críticos ferrenhos dos outros, em especial daqueles que supostamente se opõem à sua liderança. Exibem comportamento ditatorial ou fora de controle. Iram-se contra seus atuais ou futuros oponentes a ponto de ofendê-los, e os oponentes, por sua vez, perdem a confiança neles.

Exaustão. Por último, a resistência não enfrentada com criatividade pode deixar os nervos dos líderes em frangalhos, atormentando-lhes o coração. Contatos prolongados com conflitos e críticas causam exaustão e roubam deles a alegria de trabalhar no ministério ou como líderes. Com o passar do tempo, muitos líderes que um dia demonstraram grande entusiasmo simplesmente querem "cair fora".

AS ORIGENS DA RESISTÊNCIA

Evidentemente, é muito importante que os líderes cristãos reajam à resistência com criatividade a fim de eliminar seus efeitos perigosos. O segredo está em identificar as possíveis *origens* da resistência. A esse respeito, a Bíblia apresenta indicações muito úteis.

O pecado produz resistência. Na carta aos Gálatas, o apóstolo Paulo recomenda que, se estivermos em comunhão constante com Deus, nosso relacionamento com outras pessoas manifestará "amor, alegria, paz, paciência, amabilidade, bondade, fidelidade, mansidão e domínio próprio" (5.22,23), e isso nos tornará parceiros maravilhosos na busca do bem. A realidade, claro, é que ninguém tem plena comunhão com Deus. Somos infectados pelo orgulho e insegurança (temos uma "natureza pecaminosa") que produz "ódio, discórdia, ciúmes, ira, egoísmo, dissensões, facções e inveja" (v. 20,21). Esses frutos maus prejudicam nossos relacionamentos e impedem o avanço do bem neste mundo.

Forças espirituais produzem resistência. Paulo também lembra-nos que não lutamos "contra seres humanos, mas contra [...] os dominadores deste mundo de trevas, contra as forças espirituais do mal nas regiões celestiais" (Efésios 6.12). Talvez você esteja em uma situação na qual nada parece ser capaz de vencer a resistência que enfrenta, e há um motivo para isso: você está encontrando oposição sobrenatural — "poderes" e "forças" que não querem que os propósitos do Rei ou do Reino prevaleçam. Os cristãos sabem que, na cruz, Cristo deu um golpe decisivo nesses poderes. Os dias dos poderes estão contados, mas continuam a resistir, e nós ainda lutamos contra eles.

Causas psicológicas. Há enormes diferenças psicológicas e sociais entre as pessoas. Paulo comemora esse fato quando escreve:

> O corpo não é feito de um só membro, mas de muitos. [...] Se todo o corpo fosse olho, onde estaria a audição? Se todo o corpo fosse ouvido, onde estaria o olfato? De fato, Deus dispôs cada um dos membros no corpo, segundo a sua vontade (1Coríntios 12.14,17,18).

No entanto, logo a seguir, em 2Coríntios 10—11, Paulo, depois de ter sido duramente ofendido por esse corpo, defende sua liderança contra a crítica de vários membros do corpo. A esplêndida diversidade das criaturas de Deus apresenta duas implicações desafiadoras para os líderes cristãos.

Em primeiro lugar, cada pessoa reage de forma diferente às *mudanças*. Conforme vimos no capítulo 8, apenas 16% das pessoas que conhecemos são "inovadoras" ou pertencem ao grupo dos "já aceitei". Quando lhes apresentam uma ideia nova, elas se dispõem a tentar levá-la adiante. Trinta e quatro por cento pertencem ao grupo dos "aceito mais ou menos". Querem ver os benefícios antes de entrar no jogo. Outros 34% pertencem ao grupo dos "aceito depois". São pessoas céticas e precisam de muitas provas e tempo para convencer-se de que a inovação vale a pena. Os últimos 16% fazem parte do grupo dos "talvez eu nunca aceite". Eles nunca se sentem em paz com mudanças. No ambiente das igrejas, afastam-se irados ou tristes, ou se irritam. Essa variedade de reações desafia o líder a respeitar as pessoas e a ser paciente com o longo tempo necessário para defender uma causa.

Em segundo lugar, cada pessoa reage de forma diferente à *comunicação*. Grande parte da missão do líder é ajudar as pessoas a entender e dar continuidade à visão do grupo. Mas nem todos reagem da mesma forma. A Bíblia diz que, às vezes, isso ocorre porque algumas pessoas não têm "ouvidos para ouvir" (Ezequiel 12.2; Lucas 8.8). Elas não querem perturbar seus esquemas confortáveis ou familiares. Talvez tenham interesse pessoal em manter a situação como está. Ou talvez estejam muito atarefadas ou distraídas para ouvir os argumentos do líder, quanto mais para ouvir o chamado de Deus. Talvez, em muitos casos, a resistência à liderança seja mais forte em relação ao modo pelo qual a mensagem é transmitida e menos forte na questão de receptividade pessoal.

Alguns anos atrás, Howard Gardner, da Universidade de Harvard, popularizou um método de educação que passou a ser conhecido como "Teoria das Inteligências Múltiplas". A teoria diz que, para comunicar-se com as pessoas de modo verdadeiro e pleno a ponto de penetrar na vida delas e motivá-las, os líderes precisam reconhecer que nem todas aprendem da mesma maneira. Gardner identifica sete estilos diferentes de aprendizado. Dê uma olhada em "Estilos práticos e eficazes de aprendizado" (p. 190-1) e pense no que isso significa para liderar pessoas em seu ambiente.

> "NÃO TENHO NENHUMA AMBIÇÃO DE GOVERNAR HOMENS. É UM CARGO PENOSO E INGRATO."
>
> Thomas Jefferson
> *Os escritos de Thomas Jefferson*[2]

---

[1]   São Paulo: Mundo Cristão, 1997.

Pelo menos algumas das resistências que os líderes cristãos enfrentam ocorrem porque não reagimos corretamente às diversas maneiras pelas quais as pessoas se adaptam às mudanças nem as respeitamos. É possível, claro, que estejamos simplesmente lidando com pessoas cegas em relação ao pecado ou movidas pelo mal. Mas, antes de fazer essas suposições, os bons líderes devem perguntar se *eles próprios* mudariam algo para produzir resultados mais satisfatórios.

REAÇÕES CRIATIVAS À RESISTÊNCIA

Finalmente, resistência é uma extensão do relacionamento, e relacionamento — como Jesus nos dá o exemplo — é a base de toda liderança. A maneira de atuarmos nessa área *revela* e *refina* nosso caráter e capacidade. Mostra do que *somos feitos* e se estamos dispostos a ser *refinados*. Quando reagimos à resistência com imaturidade ou ignorância, fortalecemos a resistência, e ela se torna uma barreira para liderarmos com mais eficiência. Quando reagimos com bom senso e inteligência, somos fortalecidos por aqueles que resistem, porque eles exigem mais de nós e, por conseguinte, aumentam o respeito de outras pessoas por nós e elas passam

> "OS LÍDERES PRECISAM DEIXAR ESPAÇO PARA A POSSIBILIDADE E CONFIRMAR O VALOR DE UMA 'OPOSIÇÃO LEAL' QUE LEVANTA QUESTÕES CONSTRANGEDORAS E DÁ MARGEM A CRÍTICAS POSITIVAS."
>
> Eddie Gibbs
> *LeadershipNext*

a nos aceitar. A barreira transforma-se em ponte.

Jesus, o grande construtor de pontes, tem muito a nos ensinar acerca dessa extensão da liderança. Ele próprio enfrentou muitas resistências, porém lidou com elas de tal forma que aumentou sua reputação e influência. Aqui estão alguns princípios práticos da vida de Jesus.

Recorra ao Pai em oração. Na noite em que foi preso, Jesus enfrentou grande resistência. Estava sendo criticado por seres humanos pecadores e também por forças espirituais. Foi traído e abandonado por aqueles a quem amava. Jesus lutava contra o desejo de receber conforto e escapar do sofrimento iminente. Mais tarde, foi ridicularizado, açoitado, torturado e crucificado. No jardim de Getsêmani — cujo significado literal é "lagar de azeite" —, Jesus foi a azeitona sendo esmagada. E o produto desse esmagamento foi uma oração ao Pai: "*Aba*, Pai, tudo te é possível. Afasta de mim este cálice; contudo, não seja o que eu quero, mas sim o que tu queres" (Marcos 14.36).

É impossível explicar a rápida capacidade de recuperação e a potencialidade da liderança de Cristo à parte de sua íntima comunhão com o Pai. Jesus disse que o Pai é a fonte de seu *amor*

(João 15.9,10), a fonte de sua *sabedoria* (v. 15) e a fonte de seu *poder* (Mateus 26.53). Jesus viveu continuamente na presença do Pai. Assim, não nos causa surpresa o fato de Jesus ter buscado a misericórdia do Pai ao enfrentar a maior de todas as resistências. E recebeu força de Deus para cumprir sua vontade.

E quanto a você? Se não contar com uma força maior à qual recorrer, um amigo incansável para apoiá-lo, alguém a quem pedir ajuda para lembrá-lo de que é amado, seja o que for que digam a seu respeito, você será esmagado. Mas, se contar com um Pai infalível, terá uma identidade e segurança capazes de suportar qualquer pressão. Você poderá orar: "Dá-me a força de que necessito, Pai, para reagir a esta situação, para cumprir tua vontade", e certamente a receberá de Deus.

Deixe sua fornalha transformar-se em crisol. Durante tempos difíceis, Deus nem sempre nos fortalece com tapinhas nas costas nem nos encoraja a continuar a fazer o que estamos fazendo; ele nos exorta a suportar as dificuldades com paciência. A realidade é que Jesus é a *única* pessoa que não cometeu erros durante seu ministério neste mundo. Todos os outros líderes só

> "CONFRONTAR OUTRA PESSOA COM A VERDADE É UM DOS MAIORES RISCOS DE AMOR QUE CORREMOS."
>
> M. Scott Peck
> *Prosseguindo na trilha menos percorrida*[2]

conseguem grandes feitos quando *aprendem* enquanto estão trabalhando. É por isso que os líderes cristãos, mais cedo ou mais tarde, adotam a disciplina do autoexame. Eles sabem que até mesmo algo tão cruel quanto a cruz pode vir a ser o crisol da redenção, por isso compreendem também que, às vezes, a crítica ou a oposição podem ser o toque da mão carinhosa de Deus procurando modelar um futuro melhor.

Lembramo-nos do rei Davi, o grande líder, porque, apesar de seus erros tão conhecidos, ele aprendeu a dizer:

> Sonda-me, ó Deus,
> e conhece o meu coração;
> prova-me, e conhece as minhas
> inquietações.
> Vê se em minha conduta algo te ofende,
> e dirige-me pelo caminho eterno
> (Salmos 139.23,24).

Quando somos criticados, é sempre tentador olhar para os erros dos *outros*. Mas talvez Deus esteja usando a resistência dos outros para lançar luz sobre *nós*. Há uma disciplina absolutamente essencial que nós, líderes, precisamos aprender: fazer perguntas com toda a sinceridade sobre nosso caráter, nossa competência ou nosso modo de agir. Aqui estão alguns exemplos.

---

[2] Rio de Janeiro: Imagino, 1995.

- *Perguntas sobre caráter.* Existe alguma coisa a respeito de minha conduta ou motivações pessoais que esteja enfraquecendo a confiança dos outros em mim ou prejudicando que eles se entreguem à causa? Tenho algum pecado (orgulho, raiva, ganância, luxúria, glutonaria, inveja, falsidade, preguiça) que os outros veem e cuja existência eu nego? Davi teve Natã para ajudá-lo a enxergar a verdade (2Samuel 12.1-13). Quem poderia ajudar-me?

- *Perguntas sobre competência.* Existem problemas legítimos de trabalho ou de valor que meus críticos estão identificando? Estou trabalhando além de minha capacidade, habilidade e dons? Estou trabalhando mais que imagino? Há necessidade de mais treinamento ou formação de equipes? É chegada a hora de aproveitar os dons complementares de outras pessoas? Que líderes experientes poderiam ajudar a não me envolver em demasia e de maneira tão emocional nas possíveis divergências de opiniões?

- *Perguntas sobre modo de agir.* Há necessidade de fazer alguma correção em meu modo de agir? Precisamos rever nossa visão, objetivos e programação? Sou muito impaciente diante da maneira pela qual as pessoas se adaptam às mudanças? Sou bom ouvinte? Existe alguma parte de meu planejamento ou preparação que precise ser redefinida? Estou transmitindo nossa visão de formas variadas para ajudar um grande número de pessoas a compreender o valor do que queremos ser e fazer?

Quando foi a última vez que você agradeceu a um crítico por ele ter sido a janela através da qual a luz de Deus penetrou mais profundamente em sua vida? Com a ajuda de Deus, a dolorosa fornalha da resistência pode transformar-se em um criativo crisol, para refinar sua liderança e fortalecer seu ministério.

Não aceite ser destruído por inverdades. Conforme ressaltamos no capítulo 3, a humildade é a principal marca da liderança bíblica. Ao mesmo tempo, há situações nas quais a reação necessária não é arrependimento, mas *capacidade rápida de recuperação.* Não é verdade que, se houver uma nuvem de fumaça ao redor do líder, é sinal de que o fogo do fracasso *certamente* está atrás dele. Pense em todas as nuvens de fumaça acusatórias que cercaram o ministério de Jesus. No entanto, sabemos que grande líder ele foi. Vivemos em um mundo no qual a mentira espalhada com rapidez quase sempre conquista a imaginação popular. Quanto mais pitoresca for a mentira, quanto mais se encaixar em alguma história melodramática, mais prontamente o povo acreditará nela.

Os líderes cristãos não podem defender-se obsessivamente das inverdades a ponto de exaurir sua energia. Jesus gastou pouca energia para explicar-se a pessoas como Herodes ou Pilatos. Certa vez, Abraham Lincoln deu a seguinte resposta a uma carta agressiva enviada por uma eleitora: "Senhora, se eu passar todo o meu tempo respondendo a acusações como a senhora costuma fazer, não terei tempo para servir a seu país". E quanto a você? Não seria hora de parar de gastar tempo com palavras para desmentir uma calúnia e confiar que, por meio de suas ações, a verdade surgirá?

Elimine os inimigos. Um dos opositores políticos mais cruéis de Lincoln foi um homem chamado Edwin Stanton. Além de atacar as ideias de Lincoln, Stanton zombava publicamente de sua aparência física. Tempos depois, quando assumiu a presidência do país, Lincoln nomeou — veja só! — Edwin Stanton para ocupar um cargo de suma importância como secretário de guerra. Os conselheiros de Lincoln protestaram: "O senhor não vê que este homem é seu *inimigo*, presidente?". A resposta de Lincoln ficou famosa: "Será que não estou destruindo meus inimigos quando os transformo em *amigos*?". Stanton foi um ilustre membro do governo

> "RESIGNAÇÃO NÃO É APENAS CAPACIDADE PARA SUPORTAR O SOFRIMENTO, MAS CAPACIDADE PARA TRANSFORMÁ-LO EM GLÓRIA."
>
> William Barclay,
> Série *Daily Study Bible*

e, no funeral de Lincoln, fez um discurso emocionado de elogios ao presidente.

Há, é claro, alguns oponentes tão irracionais, tão irados ou tão contrários do ponto de vista filosófico que seria perigoso ou desastroso incluí-los em nosso círculo. É, no entanto, interessante notar que Paulo, o grande apóstolo, foi, a princípio, um dos críticos mais cruéis de Jesus. E se Jesus nunca tivesse tido a preocupação de ensinar a Paulo que "o amor é paciente, o amor é bondoso" (1Coríntios 13.4)? Seria difícil demais entender que alguns críticos que você enfrenta poderiam ajudar a proclamar a causa de Deus, se você encontrasse um meio de transformá-los em amigos?

Ofereça graça firme e corajosa. Jesus nunca se deixou levar por ninguém, nem era ingênuo. Jesus atacou o pecado de forma veemente. Fez críticas severas a respeito da hipocrisia dos fariseus. Virou as mesas dos cambistas que estavam profanando o templo e defraudando os pobres. Em muitas ocasiões, Jesus promoveu vigorosamente os interesses de Deus e defendeu os fracos. É interessante notar, porém, que, quando atacado *pessoalmente*, Jesus não pagou na mesma moeda. Em uma revelação sublime de seu caráter, Jesus orou na cruz, no momento de extrema agonia, por aqueles que o crucificaram: "Pai, perdoa-lhes, pois não sabem o que estão fazendo" (Lucas 23.34).

Se você foi chamado para ser um líder cristão, foi chamado para servir onde algumas pessoas nem sempre entenderão o que você está fazendo e como é afetado por suas atitudes e ações. Por mais que tente, nem sempre você será capaz de convencê-las, e talvez elas não desistam de querer derrotá-lo. Haverá ocasiões em que, como líderes, nosso único auxílio será saber que estamos em excelente companhia. Jesus sofreu tudo isso pessoalmente. Ele não se limitou a *dizer*: "Amem os seus inimigos, façam o bem aos que os odeiam, abençoem os que os amaldiçoam, orem por aqueles que os maltratam" (Lucas 6.27,28); deixou-nos também um *exemplo de coragem* na cruz. Mostrou-nos o significado de ser paciente sob a mais radical oposição. Podemos até ser "líderes" sem esse tipo de graça firme e corajosa, mas não seremos líderes *cristãos*.

Reconstrua em meio a bombardeios. Não é incrível saber que até no momento da morte Jesus não parou de ensinar o povo a cultivar uma visão melhor da vida? No momento dos últimos suspiros, Jesus formou uma nova família (cf. João 19.26,27) e conduziu o ladrão arrependido ao paraíso (cf. Lucas 23.39-43). Há aqui uma lição a ser aprendida. Mesmo sob pressão destrutiva, os líderes devem continuar a fazer coisas construtivas. Durante o pior momento da famosa *blitzkrieg* que arrasou a maior parte de Londres na Segunda Guerra Mundial, Winston Churchill não saiu da cidade. O primeiro-ministro sentou-se em um porão enquanto o bombardeio reduzia grande parte da esplêndida cidade a escombros. Em vez de lamentar a má sorte, Churchill estava planejando a invasão no Dia D e a reconstrução da Europa.

Haverá sempre "bombardeios" de uma espécie ou outra, mas Teddy Roosevelt fez o seguinte comentário certa vez:

> Não é o crítico que conta, nem o homem que faz questão de mostrar como os fortes tropeçam ou onde o autor da ação poderia ter-se saído melhor. O crédito pertence ao homem que está na arena, com o rosto sujo de terra, suor e sangue; que luta bravamente; que erra e falha repetidas vezes porque não há esforço sem erros ou fracassos, mas que também sabe o que é ter grande [...] devoção; que exaure suas forças em prol de uma causa digna; que, no final, conhece o triunfo das grandes realizações, e se, na pior das hipóteses, vier a fracassar, pelo menos fracassará ousando muito, porque seu lugar nunca será junto às almas desanimadas e medrosas que não conhecem nem a vitória nem a derrota.[3]

---

[3] "Citizenship in a Republic". Discurso proferido na Sorbonne, Paris, em 23 abr. 1910. Disponível em: http://www.theodoreroosevelt.org/life/quotes.htm.

Jesus deu esta explicação sucinta: "Neste mundo vocês terão aflições; contudo, tenham ânimo! Eu venci o mundo" (João 16.33). Ouse confiar nisto: aquilo que, no início, parecia ser um grande problema ou uma barreira de resistência poderá vir a ser uma ponte de experiência, sabedoria e influência para nos tornamos mais semelhantes a Cristo.

RECURSOS SUPLEMENTARES: ESTILOS PRÁTICOS E EFICAZES DE APRENDIZAGEM

Aprendizes verbais/linguísticos

Essas pessoas gostam da palavra escrita e falada. Conte-lhes uma história. Esclareça as necessidades e os benefícios. Convide-as a entrar na história. Peça-lhes que analisem a causa até chegarem a uma conclusão. Se a história for boa, elas provavelmente assimilarão a mensagem e a missão.

Aprendizes interpessoais

Essas pessoas não têm facilidade de aprender a verdade proclamada — ainda que exposta com muita clareza. Aprendem melhor por meio de contatos pessoais, porque, para elas, a vida gira em torno de relacionamentos. Convide-as a participar do grupo no qual a missão está sendo apresentada e vivenciada. Deus comunica-se com elas por meio da comunidade.

Aprendizes cinestésicos

Essas pessoas entendem melhor uma ideia quando participam ativamente da missão. Não diga nada a elas; envolva-as no trabalho, em um ambiente em que as necessidades são tangíveis e as oportunidades podem ser aproveitadas. Atribua-lhes uma função prática. Só assim elas entenderão o que o líder tem em mente.

Aprendizes intrapessoais

Essas pessoas precisam de tempo para saber como reagir à mudança. Respeite a necessidade que elas têm de mergulhar em seu mundo interior antes de atirar-se ao trabalho. Convide-as a falar de suas ideias e opiniões. Respeite o direito delas de agir com prudência e integridade. Se você apressá-las, elas se afastarão.

Aprendizes de raciocínio lógico/matemático

Essas pessoas querem saber os fatos antes de entrar em ação. Querem entender o esquema, a ordem e a estrutura lógica das coisas. Forneça-lhes os detalhes. Convide-as a estudar o assunto e apresentar suas conclusões acerca das necessidades ou do valor do método sugerido. Essas pessoas podem tornar-se ótimas parceiras.

Aprendizes apaixonados por música/ritmo

Essas pessoas assimilam melhor a informação quando ela é apresentada em forma de música ou ritmo. Apresente-lhes canções que expressem a emoção e a razão daquilo que você está liderando. Procure encontrar cânticos alegres que as incentivem a projetar essas músicas para sua missão.

Aprendizes visuais/imaginativos

Essas pessoas usam os olhos e a imaginação para analisar uma causa. Apresente-lhes ilustrações vívidas das possibilidades da missão. Descreva, em termos visuais, o impacto da obra que está defendendo. Convide-as a ajudá-lo a dar um formato visível à missão, e elas passarão a defender a causa de maneira muito pessoal e motivadora.

(Esse material também é muito importante para o capítulo 9, "Ajudando os outros a ver".)

Exercício prático: Reconsiderando a resistência

1. Você vê ou viu uma destas "Faces da resistência" (p. 181) em sua experiência como líder no passado ou no presente?

    ____ passiva

    ____ declarada

    ____ agressiva

2. Qual(is) destes "Efeitos perigosos" (p. 182-3) se aplica(m) a você?

    ____ recusa em aceitar

    ____ desligamento involuntário

    ____ compensação

    ____ pagamento na mesma moeda

    ____ exaustão

    Que outros efeitos da resistência prolongada você viu ou sentiu?

3. Quando você pensa em sua maneira de lidar com a crítica, conflito ou oposição, que participação atribuiria às seguintes origens da resistência?

    Pecado

    Forças espirituais

4. Quando se trata de adaptar-se a mudanças, onde você se vê na escala abaixo?

    |———————————|———————————|———————————|

    Já aceitei   Aceito mais ou menos   Aceito depois   Não aceito

    "Eu topo!"   "Mostre-me"   "Prove-me"   "Está bom assim"

192

Como isso exerce influência em seu modo de liderar?

5. Quando se trata de ser receptivo à comunicação, quais destes estilos de aprendizagem (p. 190-1) o descrevem melhor?

_____ aprendiz verbal/linguístico   _____ aprendiz de raciocínio lógico/matemático

_____ aprendiz interpessoal   _____ aprendiz apaixonado por música/ritmo

_____ aprendiz cinestésico   _____ aprendiz visual/imaginativo

_____ aprendiz intrapessoal

O que poderia ser feito para atrair a imaginação e o coração de algumas pessoas com estilo de aprendizagem diferente do seu?

6. Quais destas reações criativas à resistência você considera particularmente importantes ou particularmente difíceis?

_____ recorrer ao Pai em oração

_____ deixar a fornalha transformar-se em crisol

_____ não aceitar ser destruído por inverdades

_____ eliminar os inimigos transformando-os em amigos

_____ oferecer graça firme e corajosa

_____ reconstruir em meio a bombardeios

Que outras reações ou estratégias você considera importantes?

7. Em qual(is) das reações mencionadas na pergunta 6 você se concentrará quando tiver de enfrentar críticas, conflitos ou oposições daqui em diante?

Para um estudo mais aprofundado

BACKUS, William. *Telling Each Other the Truth*. Minneapolis: Bethany House, 1985.

GARDNER, Howard. *Frames of Mind: The Theory of Multiple Intelligences*. New York: Basic Books, 1983 [*Inteligências múltiplas*. Porto Alegre, Artmed, 2000].

HAUCK, Kenneth. *Antagonists in the Church*. Minneapolis: Augsburg, 1988.

McNEAL, Reggie. *A Work of Heart: How God Shapes Spiritual Leaders*. San Francisco: Jossey Bass, 2000.

SHELLEY, Marshall. *Well-Intentioned Dragons*. Waco, Tx.: Word Books, 1985.

12

DERROTANDO O DESENCORAJAMENTO

Indicações preliminares

Texto para memorizar: Gálatas 6.9
Estudo bíblico: 2Timóteo 4.9-18
Leitura complementar: Aqueles que viverão
Exercício prático: Um passo para cima, um passo para fora e um passo para a frente

 Verdade fundamental

Como os líderes cristãos evitam ser esmagados pelo peso do desencorajamento?

Os discípulos líderes sabem que a caminhada da liderança depende, em grande parte, de saber lidar com as emoções opressoras que se abatem sobre eles enquanto se esforçam para fazer o bem. Eles são cuidadosos para tomar medidas deliberadas e repetitivas, necessárias para se manterem acima dessas pressões dolorosas e completarem sua missão.

1. Identifique as principais palavras ou expressões na questão e resposta acima e explique o significado de cada uma delas.

2. Repita a verdade fundamental com suas palavras.

3. Que perguntas ou questões a verdade fundamental provoca em você?

Guia de estudo do texto para memorizar

Copie o texto inteiro aqui:

_____
_____
_____
_____
_____
_____
_____
_____
_____
_____
_____
_____
_____
_____
_____
_____
_____
_____
_____
_____

Texto para memorizar: Gálatas 6.9

Poucos líderes podem afirmar que sofreram tantas situações desanimadoras como o apóstolo Paulo enfrentou no decorrer de sua vida (cf. 2Coríntios 11.23-28). No estudo bíblico, veremos que Paulo passou por momentos de dor e questionamento. Mesmo assim, em Gálatas 6.9, ele expõe uma esperança e paixão muito mais representativa em sua vida.

1. O que Paulo quer dizer com "fazer o bem"? Para entender o contexto, é aconselhável ler o texto anterior ao versículo 6.

2. Que resultado negativo o apóstolo menciona, que pode advir depois de um esforço prolongado para fazer o bem?

3. O que Paulo diz que ocorrerá se pudermos evitar que isso aconteça?

4. O que Paulo quer dizer com "no tempo próprio"?

Guia de estudo bíblico dirigido

Estudo bíblico: 2Timóteo 4.9-18

Nesta passagem, conhecemos os piores momentos da vida de um dos maiores líderes da História. Escrita por volta do ano 67 d.C., a segunda carta a Timóteo é a última comunicação entre o apóstolo e seu filho na fé. Paulo está preso em Roma pela última vez. Dentro de pouco tempo, ele será decapitado. Aqui temos apenas uma pequena abertura para vislumbrar a escuridão que pode tomar conta até dos maiores líderes, mas também um pequeno raio de luz que os mantém vivos no período mais terrível da vida.

1. Às vezes, uma enxurrada de sentimentos é comunicada em um simples pedido. Que realidade interior Paulo parece expressar no versículo 9?

2. Se você tivesse de escolher um adjetivo para descrever o humor de Paulo nos versículos 10 e 16, qual seria?

    O que parece ter ocasionado esse sentimento?

3. Que tipo de consolo Paulo busca no versículo 13? O que isso tem que ver com a condição de vida do apóstolo naquele momento?

4. Paulo não se deixa abater pela autopiedade pelo fato de "Alexandre, o ferreiro" ter-lhe causado muitos males (v. 14,15). Como Paulo lida com esses males, e como sua atitude o impediu de desanimar?

5. A quais "pontos positivos" Paulo se apega ou quais pontos ele destaca nos versículos a seguir?

v. 11:

v. 14:

v. 17:

> "QUE DIREMOS, POIS, DIANTE DESSAS COISAS? SE DEUS É POR NÓS, QUEM SERÁ CONTRA NÓS? AQUELE QUE NÃO POUPOU SEU PRÓPRIO FILHO, MAS O ENTREGOU POR TODOS NÓS, COMO NÃO NOS DARÁ JUNTAMENTE COM ELE, E DE GRAÇA, TODAS AS COISAS? [...] QUEM OS CONDENARÁ? FOI CRISTO JESUS QUE MORREU; E MAIS, QUE RESSUSCITOU E ESTÁ À DIREITA DE DEUS, E TAMBÉM INTERCEDE POR NÓS. QUEM NOS SEPARARÁ DO AMOR DE CRISTO? SERÁ TRIBULAÇÃO, OU ANGÚSTIA, OU PERSEGUIÇÃO, OU FOME, OU NUDEZ, OU PERIGO, OU ESPADA?"
>
> (Romanos 8.31,32,34,35)

6. A quais esperança e certeza derradeiras Paulo se apega (v. 18)?

7. Em resumo, o que aprendemos com Paulo acerca do antídoto para o desencorajamento?

8. Que perguntas ou questões esta passagem provoca em você?

Leitura complementar: Aqueles que viverão

Conta-se a história de um jumento que caiu dentro de um poço antigo e seco. Durante horas, o animal zurrou de forma comovente enquanto o fazendeiro, seu dono, tentava encontrar um meio de tirá-lo de lá. Sabendo que o jumento era velho e o poço, perigoso, o fazendeiro constatou que poderia resolver dois problemas de uma só vez. Chamou imediatamente um vizinho para ajudá-lo a encher de terra o poço. Quando a primeira pá de terra caiu sobre seu lombo, o animal não percebeu o que estava acontecendo. A princípio, zurrou assustado e em completo desespero. Logo a seguir, curiosamente, o animal ficou em silêncio. O fazendeiro olhou para dentro do poço e o que viu o deixou atônito. Todas as vezes que uma pá de terra caía sobre seu lombo, o jumento agitava o corpo para livrar-se dela. Com isso, ele foi chegando cada vez mais perto da boca do poço. Depois de muitas horas e muitas pás de terra, o jumento saiu de dentro do poço e correu em disparada!

Sob pressão, que líder não gostaria de ser tão criativo como aquele jumento? Talvez a comparação com o jumento não seja muito lisonjeira, mas quem de nós não ora para que, quando encontrar perigos ocultos e montes de terra no caminho da liderança, possa erguer-se acima deles?

PENEIRANDO A TERRA DO DESENCORAJAMENTO

Todo líder se sente, às vezes, como se estivesse no fundo do poço — e com a claridade desaparecendo rápido. Talvez seja um buraco no qual o líder está caindo conscientemente, de forma lenta e gradual. Ou talvez a queda seja súbita e vertiginosa. O líder pode ter-se atirado no buraco ou ter tropeçado e caído dentro dele. Seja como for, quando o líder começa a peneirar a terra que está caindo em cima dele nessa hora, quase sempre a situação contém um ou todos os seguintes elementos.

Decepção. Há ocasiões em que, por mais que lutemos para alcançar um objetivo, os resultados não saem como esperávamos. Não conseguimos cumprir os itens da agenda nem a lista de prioridades. Os recursos com os quais contávamos não chegam. Não obtemos a resposta ou os resultados que esperávamos. Em geral, os líderes cristãos concentram-se nos resultados de maneira mais intensa que os outros, por isso a decepção que sentem quando as coisas não dão certo assemelha-se a um buraco mais fundo e mais escuro.

Frustração. Às vezes, a decepção surge por sentirmos que os outros não estão fazendo sua parte. Eles não aceitam de braços abertos a grande visão que, para nós, é óbvia. Tiram o corpo fora ou não cumprem as promessas. Não trabalham com rapidez nem de acordo com as condições desejadas. Parecem estagnados em seus próprios interesses, sem levar em conta o panorama maior à frente. Agem de maneira egoísta e incompreensível. Conforme a Bíblia deixa claro, o líder pode sentir-se profundamente frustrado com Deus (como no salmo 13, por exemplo).

Fracasso. Outras vezes, contudo, é nossa própria pá que nos atinge no rosto. Agimos como Pedro quando o galo cantou (cf. Mateus 26.69-75), menos ou mais cientes de nossa fraqueza, estupidez, arrogância, fingimento ou incompetência. Queremos correr e nos esconder ou encontrar alguém que leve a culpa pelo que fizemos, mas não podemos fugir da verdade: cavamos nosso próprio buraco. Esperávamos mais de nós — ou deveríamos esperar. Pensamos: *Eu deveria ser um líder, mas não passo de um jumento.*

Falta de reconhecimento. Há também períodos em que o líder cristão se sente como um burro de carga diante dos outros. Ele pensa: *Eu trabalho muito. Carrego uma carga pesada nos ombros. Sou atacado por gente de todo tipo, e todos acham que isso é natural. Ficam muito animados com o novo "cavalo de corrida" que apareceu e se esquecem de quem está levando tudo isso nas costas. Seria demais pedir a alguém que atirasse um ramo de palmeira diante de mim com um leve grito de hosana? Eu certamente percorreria outra milha se soubesse que essa gente me valoriza.*

Solidão. Há terrível solidão em momentos como esse. Mas, falando francamente, esse doloroso sentimento de solidão é um tema mais ou menos recorrente na vida do líder. Em seu livro *LeadershipNext* [A liderança do futuro], Eddie Gibbs observa:

> Há uma solidão que surge após o chamado de um líder. É a solidão dos visionários que enxergam mais adiante que seus contemporâneos e cujas ideias contrariam as opiniões totalmente aceitas por aqueles que os rodeiam. É a solidão de ter de tomar decisões que influenciarão a vida de outras pessoas. É a solidão do pregador que carrega o fardo de transmitir uma palavra vinda de Deus, a qual certamente deixará exposta uma desobediência ou falta de fé. É a solidão que surge quando os líderes se sentem abandonados não apenas por seus seguidores, mas também por seus amigos mais próximos.[1]

Em seu momento de maior angústia, Jesus sentiu o mesmo no jardim de Getsêmani (cf. Marcos 14.32-42). E Paulo expressou muito bem esse sentimento quando escreveu: "Você sabe que todos os da província da Ásia me abandonaram [...]" (2Timóteo

---

[1] Downers Grove, Ill.: InterVarsity Press, 2005, p. 185.

1.15). Mesmo no meio da multidão, o líder às vezes se sente muito sozinho.

OS SINAIS DO DESENCORAJAMENTO

Quando o líder diz: "Estou desencorajado com esta empresa (ou com este grupo de pessoas). Minha confiança e energia já não são as mesmas nem são como eu gostaria que fossem. Acho que preciso falar com alguém sobre o que está acontecendo, para poder começar a sair deste buraco e retomar a caminhada", é sinal de que a terra do desencorajamento ficou pesada demais. Mas a realidade é que muitos líderes não manifestam sua tristeza de forma clara. Como o jumento na parábola, eles zurram de outras maneiras.

Ira. Às vezes o desencorajamento apresenta-se na forma de ira. Decepção, frustração e outras emoções acumulam-se até o ponto de saturação. Assim como o rei Saul no Antigo Testamento, alguns líderes se tornam pessoas patologicamente iradas, isto é, desabafam a ira de maneiras autodestrutivas, com os colegas ou com palavras dirigidas ao grupo (cf. 1Samuel 18.1-11). Um dia, essa ira não resolvida os consumirá e destruirá a alegria de sua liderança.

Depressão. Quase sempre, os sentimentos dolorosos de um líder desencorajado se voltam para dentro em vez de serem manifestados. Assim como ocorreu com o profeta Jonas, Deus chama o líder para enfrentar os problemas diretamente. O líder, porém, foge dessa "Nínive" e se refugia no trabalho, na comida, em substâncias nocivas, em um caso amoroso ilícito ou em outra "Társis". No entanto, os sofrimentos, as paixões e as perdas "engolidas" podem transformar-se no grande peixe da depressão, e esse peixe engole o líder deprimido (cf. Jonas 2). Em seu livro *Dark Clouds, Silver Lines* [Nuvens escuras, contornos prateados], Archibald Hart diz que os sinais de depressão podem incluir perda de energia, motivação, prazer ou sono. A vida torna-se cada vez mais sem sentido quando o líder começa a cair no poço escuro da tristeza.[2]

Resignação. Por último, há aqueles que, em vez de peneirar a terra, simplesmente se desviam dela. Quando o profeta Elias considerou inúteis todos os seus esforços para acabar com a corrupção da rainha Jezabel e o culto a Baal, ele disse ao abandonar o posto: "Já tive o bastante, SENHOR" (cf. 1Reis 19.1-10). Um número enorme de líderes cristãos faz o mesmo todos os anos. Esmagados pela terra do desencorajamento, eles simplesmente desistem de seu chamado para a liderança. Os dois autores deste livro já chegaram ao fundo do poço e passaram por algumas experiências discutidas aqui. Talvez você esteja nessa situação ou

---

2   Colorado Springs: Focus on the Family Publishing, 1993, p. 6.

conheça alguém que esteja. Talvez caia no buraco em algum ponto do caminho. Saiba que você tem muitos companheiros, mas é bom saber também como juntar-se a essa classe extraordinária de pessoas que conseguem sair do buraco.

PASSOS PARA SAIR DO FUNDO DO POÇO

A palavra "desencorajamento" origina-se da palavra latina *cor*, que significa "coração". Conforme Dallas Willard escreve em *A Renovação do coração*, a Bíblia usa de maneira alternada as palavras "coração", "vontade" e "espírito", não para descrever o músculo que bombeia o sangue para o corpo, mas como o "centro executivo" do ego. Seu "coração" é o centro orientador, motivador e dinâmico de quem você é. Por esse motivo, a Palavra de Deus diz: "Acima de tudo, guarde o seu coração, pois dele depende toda a sua vida" (Provérbios 4.23).

Estar desencorajado significa literalmente "perder o coração". Significa estar separado da força de vontade, aquele espírito dinâmico que capacita a pessoa a ir em busca de um propósito ou agir de modo criativo. A pessoa desencorajada está espiritualmente "exausta", a ponto de deixar de sentir-se capaz de "fazer o bem" (Gálatas 6.9). Recobrar as forças do coração (coragem) é um grande desafio porque requer algumas atitudes enérgicas, e é exatamente a energia da vontade ou do espírito que acaba prejudicada quando o desencorajamento se instala. No entanto, poucos líderes perdem o "coração" inteiro. Até o líder mais desencorajado tem um coração que bate — ainda que lentamente, ainda que fracamente — e com a graça de Deus voltará a "viver".

> "AS CIRCUNSTÂNCIAS PARECEM, ÀS VEZES, QUERER DESTRUIR NOSSA VIDA E OS PLANOS DE DEUS, MAS DEUS NÃO ESTÁ DE MÃOS AMARRADAS NO MEIO DAS RUÍNAS. NOSSA VIDA DESPEDAÇADA NÃO ESTÁ PERDIDA NEM É INÚTIL. O AMOR DE DEUS CONTINUA EM AÇÃO. ELE CHEGA, PEGA A CALAMIDADE E USA-A VITORIOSAMENTE, PARA ELABORAR SEU MARAVILHOSO PLANO DE AMOR."
>
> Eric Liddell
> *Disciplines of the Christian Life*

Se você, ou alguém de seu grupo, encontrar-se nesse lugar fundo e escuro, aqui estão alguns passos específicos.

Não tenha receio de gritar por socorro. O primeiro passo para a recuperação é admitir a realidade de nossa situação e que estamos sem forças para lutar. Às vezes, a terra do desencorajamento cai em tal quantidade sobre nós que não somos capazes de nos livrar do seu peso. Precisamos de Deus, de amigos próximos, de um pastor, de um conselheiro ou — em alguns casos de grave depressão ou ansiedade — de um médico para nos ajudar a sair do buraco. Quantas pessoas continuam presas no lugar simplesmente porque não são humildes a ponto de gritar por socorro?

Assuma um compromisso verdadeiro com a comunidade. No ponto mais deprimente de sua vida como líder, Elias disse: "Tenho sido muito zeloso pelo Senhor, o Deus dos Exércitos. Os israelitas rejeitaram a tua aliança, quebraram os teus altares, e mataram os teus profetas à espada. Sou o único que sobrou, e agora também estão procurando matar-me" (1Reis 19.10). A resposta de Deus a Elias é muito instrutiva. Ele restaurou um conjunto de circunstâncias da comunidade para aquele líder solitário. Primeiro, Deus mostrou-se a Elias para lembrá-lo de que ele não estava sozinho. Segundo, fez Elias entender que ainda havia 7.000 pessoas consagradas à causa de Deus. E, finalmente, Deus ordenou a Elias que ungisse um sucessor.

A história de Elias tem lições importantes para todos os líderes. É mais difícil cair no poço do desencorajamento, e é mais fácil sair dele se cairmos, quando continuamos a ter uma comunhão íntima com Deus, com um círculo fechado de amigos que atuem como mentores, companheiros e encorajadores, e com alguns sucessores que estamos preparando. Por outro lado, é impossível permanecer encorajado como líder sem a comunidade. O desencorajamento alimenta a solidão. Jesus enfrentou suas maiores tentações quando estava sozinho no deser-

to. Foi por isso que ele enviou os discípulos de dois em dois. Em parte, foi também por isso que ele formou uma igreja radicalmente dedicada à prática do "uns aos outros", descrita nas Escrituras.[3]

Com quem você *convive* diariamente? Quem faz parte de sua equipe de *liderança*? Quem o substituirá para implementar um *legado*? Suas respostas farão grande diferença na maneira pela qual você e os outros lidam com o desencorajamento.

Decida ser um líder excelente e experiente. Quando eu (Dan) tinha pouco mais de 20 anos, confidenciei a um líder muito experiente que me sentia muito desencorajado quando comparava minha eficiência com a de outros líderes conhecidos. O líder mais

---

[3] Amem-se uns aos outros: João 13.34,35; Romanos 12.10; 13.8; 1Pedro 1.22; 4.8. Orem uns pelos outros: 2Tessalonicenses 1.11; 3.1; Tiago 5.16. Cuidem uns dos outros: 1Coríntios 12.24,25; 1Tessalonicenses 4.18. Animem e edifiquem-se uns aos outros: 1Tessalonicenses 5.11; Hebreus 3.13; Tiago 4.11; 5.9. Aceitem e perdoem uns aos outros: Romanos 14.13; 15.7; Efésios 4.2,32; Colossenses 3.13. Carreguem os fardos uns dos outros: Gálatas 6.2. Aconselhem e instruam uns aos outros: Romanos 15.14; Colossenses 3.16. Incentivem uns aos outros ao amor e às boas obras: Hebreus 10.24. Tenham comunhão uns com os outros: Atos 2.42-46; Hebreus 10.25; 1João 1.7. Sirvam uns aos outros: Gálatas 5.13; Efésios 5.21; 1Pedro 5.5. Saúdem uns aos outros: 1Coríntios 16.20; 2Coríntios 13.12; 1Pedro 5.14. Sejam hospitaleiros uns com os outros: 1Pedro 4.9. Concordem uns com os outros: Romanos 12.16; 1Coríntios 1.10; 1Pedro 3.8.

velho disse: "Você tem a ambição errada. Quer ser um *ator* perfeito agora, quando a tarefa do momento é ser um excelente *aprendiz*. Aceite o fato de que você precisará cometer centenas de erros e aprender com eles para adquirir experiência. Decida que um dia você será um líder excelente e experiente. Por ora, basta estar 'no Caminho', e você se surpreenderá com o que Deus fará com esse espírito". Jesus disse a seus discípulos líderes: "Tomem sobre vocês o meu jugo e aprendam de mim, pois sou manso e humilde de coração, e vocês encontrarão descanso para as suas almas. Pois o meu jugo é suave e o meu fardo é leve" (Mateus 11.29,30).

Será que você está carregando um fardo "mais pesado" do que Jesus poria sobre seus ombros? Está disposto a ser paciente com o tempo que leva para ser um grande líder? Archibald Hart, um mentor experiente de milhares de pessoas, escreve que a autoaceitação é absolutamente crucial para a saúde do coração do líder cristão. Amy Carmichael confessa:

> Às vezes, quando leio as palavras daqueles que foram mais que vencedores, fico desanimada. Parece que nunca serei assim. Mas depois percebo que eles venceram um passo por vez: por meio de pequenos bocados de determinação; pequenas negações do eu; pequenas vitórias interiores; por meio de fidelidade em coisas muito pequenas. Eles

se transformaram no que são. Ninguém vê esses pequenos passos ocultos. As pessoas veem somente a realização, mas, apesar disso, aqueles pequenos passos foram dados. Não há triunfo súbito, nem maturidade súbita. Isso é obra do momento.[4]

Até o jumento entendeu a importância desses pequenos passos.

Tome muito cuidado com os números. Como líderes, temos de saber lidar com números e fazer contas. Os pastores costumam contar os A-B-Cs dos frequentadores, dos edifícios e das contribuições. Outros líderes costumam contar os D-E-F-Gs do dinheiro que entrou, do dinheiro que saiu, das tendências de crescimento. Prestar atenção a isso faz parte da boa administração que o líder cristão deve exercer. A Bíblia dedica grande parte de texto a côvados [*AEC*], siclos [*AEC*] e ovelhas. Mas, se analisarmos atentamente as Escrituras, veremos que Deus dá muito mais valor a corações transformados, comunhão (com ele) e serviço aos outros. Numerar esses efeitos do ministério de um líder é tarefa muito mais árdua.

O que está acontecendo com os A—Gs pode sugerir esses efeitos, mas também é possível que um líder seja enganado por eles. Vários líderes possuem muitos fundos

---

4 Apud Tim HANSEL. *Holy Sweat*. Dallas: Word Publishing, 1987, p. 130.

e muitos seguidores, mas pouco se importam com o progresso do Reino ou, talvez inconscientemente, trabalhem contra ele. Pense nisto: no momento mais decisivo e sumamente influente do ministério de Cristo como líder — a obra realizada na cruz —, o número de seus seguidores diminuiu, seu templo físico desabou e seus recursos materiais desapareceram.

Antes que você se enterre no desencorajamento, quando a decepção, a frustração ou o fracasso forem pesados demais, e o fardo de sua aparente inutilidade e solidão for além daquilo que você consegue suportar, lembre-se da cruz. Lembre-se de que somente Deus tem a Calculadora do Reino na mão. Há um provérbio que diz: "Nem tudo o que conta pode ser contado, e nem tudo o que pode ser contado conta". Os A—Gs são um conjunto de indicadores, mas Deus exorta-nos a ver que eles não são os únicos que importam na contagem de sua eternidade.

Faça da fidelidade o seu maior objetivo. Em seu livro *Holy Sweat* [Suor sagrado], Tim Hansel conta de maneira brilhante a história de Clarence Jordan, um homem de extraordinária capacidade — com doutorado em agricultura e líguas bíblicas — e potencial para fazer quase tudo o que queria com sua vida. Clarence Jordan preferiu servir aos pobres. Na década de 1940, ele fundou uma comunidade em Americus, Geórgia, que se tornou um refúgio de esperança para os pobres negros e brancos que lutavam para sobreviver após a Grande Depressão.

Como você pode imaginar, uma instituição como a Comunidade Koinonia de Jordan não teve sucesso nos Estados do Sul da década de 1940, uma região racialmente dividida. Ao longo de quatorze anos, o pessoal da vizinhança mostrou quanto gostava da visão de Jordan — boicotando-o, rasgando os pneus dos carros dos membros da comunidade e ameaçando fazer coisas piores. Em 1954, a Ku Klux Klan cansou-se de Clarence Jordan e decidiu livrar-se dele de uma vez por todas. No meio da noite, chegaram encapuzados à comunidade e atearam fogo em todos os prédios, crivaram a casa de Jordan de balas e expulsaram todas as famílias da Koinonia, menos uma.

No dia seguinte, um repórter de jornal apareceu para ver o que restara da Comunidade Koinonia. Andando no meio do local

> "A COISA MAIS ESSENCIAL 'NOS CÉUS E NA TERRA' É [...] QUE DEVE HAVER LONGA OBEDIÊNCIA NA MESMA DIREÇÃO; POR CONSEGUINTE, DEVE HAVER RESULTADOS, QUE SEMPRE RESULTARÃO EM [...] ALGO QUE FAÇA A VIDA VALER A PENA SER VIVIDA."
>
> Friedrich Nietzsche
> *Além do bem e do mal*[5]

---

[5] São Paulo: Companhia das Letras, 2000.

em ruínas e destroçado pelo fogo, ele encontrou Jordan no campo — cavando a terra e plantando. "Ouvi a *terrível* notícia e vim até aqui para fazer uma reportagem sobre a tragédia da *destruição* desta comunidade." Reconhecendo a voz do repórter como um dos encapuzados que estivera ali na noite anterior, Clarence continuou a cavar a terra e plantar. Determinado a extrair tudo o que poderia de Clarence, que deveria estar fazendo as malas, o membro da Klan disse abruptamente: "Bem, dr. Jordan, o senhor tem dois Ph.Ds e dedicou quatorze anos a esta comunidade, e não sobrou nada aqui. Diga-me uma coisa, doutor, depois de tudo isto o senhor se considera um homem *bem-sucedido*?". Finalmente, Clarence parou de cavar a terra. Endireitou o corpo, virou-se para o repórter e, com um olhar capaz de derreter gelo, disse em voz baixa, mas com firmeza: "Acho que fui tão bem-sucedido quanto a *Cruz*. Acho que o senhor não nos entende. O que fazemos aqui não tem relação nenhuma com sucesso; tem relação com *fidelidade*". E Clarence retornou ao trabalho.[6]

É importante entender que o fruto da fidelidade se compõe de três elementos: corações transformados, comunhão com Deus e serviço aos outros. Os ideais de líderes como Jimmy Carter foram alimentados por esse fruto. A missão de organizações como Habitat for Humanity foi impulsionada por esse fruto. Numerosas pessoas e famílias tiveram a vida renovada graças a esse fruto. E tudo isso partiu do coração de um líder cristão que não desistiu de "fazer o bem", mesmo quando os resultados não foram os esperados.

A tradução da *Bíblia Viva* de Gálatas 6.9 diz o seguinte: "E não nos cansemos de fazer o que é correto, porque em pouco tempo teremos uma colheita de bênção, se não desanimarmos nem desistirmos.". Os líderes cristãos não são operadores de máquinas, mas trabalhadores do Reino. Sabem que a fidelidade produz muitos frutos e a prática produz resultados, mas somente Deus é o Senhor da época, da natureza e da magnitude da colheita. Por esse motivo, os líderes fiéis preferem ter uma vida de *obediência* a longo prazo a ter uma vida de *oportunismo* a curto prazo. Estão sempre se livrando das pás de terra que caem sobre eles, acertando o passo e crescendo na fé. E, ao seguir esse caminho, eles se juntam àqueles que serão elevados.

> "NÃO HÁ DESESPERO TÃO INTENSO QUANTO AQUELE QUE SURGE COM OS PRIMEIROS MOMENTOS DE NOSSA PRIMEIRA GRANDE TRISTEZA, QUANDO AINDA NÃO SABEMOS O QUE É SOFRER E SER CURADO, ESTAR DESESPERADO E TER A ESPERANÇA DE VOLTA."
>
> George Eliot
> *Adam Bede*

---

[6] Tim HANSEL. *Holy Sweat*. Dallas: Word Publishing, 1987, p. 188-9.

Lembre-se de que o Reino vencedor pertence a Deus. Esse é o espírito que vemos no apóstolo Paulo ao escrever sua última carta a Timóteo quando estava no buraco úmido e escuro da Prisão Mamertine em Roma — na verdade, uma cisterna (um poço) transformada em cela. Daquele lugar, Paulo talvez tenha ouvido as risadas e o burburinho do comércio vindos da parte superior, o radiante Fórum Romano — ecoando os sons do reino deste mundo que ele abandonara e que, dentro de pouco tempo, também o abandonaria completamente quando o imperador Nero ordenasse sua decapitação, a crucificação de Pedro e o sepultamento de ambos.

Ao ler as palavras de Paulo em 2Timóteo 4.9-16, notamos que ele está sentindo a pressão do peso da morte. Mas, logo a seguir, chegamos a ouvir as batidas persistentes de um coração que, apesar do cansaço, recusa-se a desistir. Percebemos o tremor daqueles ombros fortalecidos pelas provações de muitos anos em que ele atuou como líder. Vemos mais uma vez Paulo livrar-se da terra do desencorajamento sobre seus ombros, acertar o passo e crescer na fé. Ao olhar para trás e lembrar-se da longa jornada, Paulo oferece este tributo final ao Líder a quem seguiu:

> Mas o Senhor permaneceu ao meu lado e me deu forças, para que por mim a mensagem fosse plenamente proclamada e todos os gentios a ouvissem. E eu fui libertado da boca do leão. O Senhor me livrará de toda obra maligna e me levará a salvo para o seu Reino celestial. A ele seja a glória para todo o sempre. Amém (2Timóteo 4.17,18).

Hoje, o poço Mamertine está vazio, à semelhança do túmulo localizado em um jardim nos arredores de Jerusalém. O Fórum de Roma encontra-se em ruínas, e o povo dá a seus cães o nome do imperador que um dia o presidiu. Mas, na vizinhança, milhões de pessoas visitam as maravilhosas catedrais que receberam, da mesma forma que muitas crianças, o nome de Paulo e Pedro. E outros milhões no mundo inteiro ajoelham-se humildemente em adoração e culto ao Senhor por quem aqueles discípulos líderes entregaram a vida espontaneamente, porque esse Líder entregou sua vida por eles. Faculdades e universidades; hospitais e orfanatos; imensas bibliotecas e agências humanitárias; sistemas inteiros de leis, justiça e economia; numerosas histórias humanas — todos erguendo-se como testemunhas evidentes de um Senhor e de um Reino que nem a morte nem toda a terra deste mundo conseguirão enterrar.

Então, quem é o grande "jumento"? Um líder como Nero ou um líder como Paulo? Jesus nunca disse que na jornada dos líderes não haveria provações. Ele disse exatamente o contrário (cf. João 16.33). Mas ele também disse que estaria conosco sempre (cf. Mateus 28.20). Prometeu que nos daria o poder necessário para cumprirmos nossa missão (cf. Atos 1.8). Garantiu-nos que todos os investimentos que fizéssemos em seu Reino certamente nos seriam devolvidos (cf. Mateus 19.29; João 15.16). E assegurou-nos que, se nele depositássemos nossa fé, nada seria capaz de nos enterrar, e estaríamos entre aqueles que viverão (cf. João 11.25).

Portanto, [...] livremo-nos de tudo o que nos atrapalha e do pecado que nos envolve, e corramos com perseverança a corrida que nos é proposta, tendo os olhos fitos em Jesus, autor e consumador da nossa fé. Ele, pela alegria que lhe fora proposta, suportou a cruz, desprezando a vergonha, e assentou-se à direita do trono de Deus (Hebreus 12.1,2).

Esse é o chamado sublime e humilde que Cristo faz a seus discípulos líderes. E esse chamado, o próprio Cristo faz também a você.

Exercício prático: Um passo para cima, um passo para fora e um passo para a frente

1. Quando você peneira a terra do desencorajamento, quais das alternativas abaixo lhe são particularmente opressivas ou difíceis?

    ____ decepção ("Não aconteceu como eu queria")
    ____ frustração ("Deus ou outra pessoa falhou comigo")
    ____ fracasso ("Eu cavei o meu buraco")
    ____ falta de reconhecimento ("Ninguém me deu valor")
    ____ solidão ("Sinto-me muito sozinho")

    O que torna isso tão difícil?

2. Que sinais de desencorajamento alguém notaria se estivesse bem perto de você?

    ____ raiva   ____ depressão   ____ resignação

    De que forma isso se apresenta?

3. Enquanto você pensa em algumas atitudes sugeridas para sair do poço do desencorajamento...
    - Relacione pessoas que poderiam ajudá-lo, se você lhes pedisse.
    -
    -
    -

- Relacione as pessoas que fazem parte da comunidade com a qual você está comprometido.

  mentores:

  colegas:

  sucessores:

4. Como você reage diante da ideia de ser um líder excelente e experiente?

5. Que qualidades específicas você espera ter aperfeiçoado quando sua jornada como líder chegar ao fim?

6. O que você está tentando contar ou discernir para medir a eficiência de sua liderança?

7. Quais são as três coisas de que você necessita para ser fiel na colheita ou ser obediente em seu papel de líder?

   a)

   b)

   c)

8. Você se sente encorajado pela verdade de que o Reino de Cristo e o caminho da liderança prevalecerão? Como?

Para um estudo mais aprofundado

FARRAR, Steve. *Finishing Strong: Going to Distance for Your Family*. Sisters, Ore.: Multnomah, 2000.

MacDONALD, Gordon. *Restoring Your Spiritual Passion*. Nashville: Thomas Nelson, 1986.

PETERSON, Eugene. *Uma longa obediência na mesma direção*. São Paulo: Cultura Cristã, 2005.

YANCEY, Philip. *Decepcionado com Deus*. São Paulo: Mundo Cristão: 2001.

_____. *Soul Survivor*. London: Hodder & Stoughton Religious, 2003.

O mais importante guia para a liderança cristã exemplar

O desafio da liderança: reflexões cristãs reúne numa só obra um notável grupo de líderes que compartilha suas opiniões sobre fé e liderança. Este livro reflexivo e prático mostra como líderes cristãos — não importa em que contexto — põem em prática as Cinco Práticas da Liderança Exemplar®: construir um modelo de caminho, inspirar uma visão compartilhada, contestar o processo, capacitar outras pessoas para agir e estimular o coração. Nas páginas desse livro, você tem encontro marcado com autores que compartilham suas experiências:

JAMES M. KOUZES e BARRY Z. POSNER são os premiados autores do best-seller *O desafio da liderança* e os criadores da aclamada metodologia *Leadership Practices Inventory* (LPI) [Inventário de práticas da liderança], um questionário de 360 graus que avalia o comportamento da liderança.

JOHN C. MAXWELL é fundador de várias organizações, incluindo a Maximum Impact — organização dedicada a ajudar pessoas a atingir seu potencial máximo de liderança.

DAVID MCALLISTER-WILSON é presidente do Seminário Teológico Wesley. Concentra suas palestras num esforço de auxiliar a revitalização da Igreja protestante histórica.

PATRICK LENCIONI é autor de best-sellers e presidente do The Table Group, empresa de consultoria de gerenciamento na região da Baía de São Francisco, nos Estados Unidos.

Além de Nancy Ortberg (pastora da Igreja Willow Creek e palestrante) e Ken Blanchard (coautor de *O gerente minuto*).